个别最适な学びと協働的な学び

自适应学习与合作学习

如何在学校课程体系中实现学生的深度学习

[日] 奈须正裕 著

中国青年出版社

图书在版编目（CIP）数据

自适应学习与合作学习：如何在学校课程体系中实现学生的深度学习 /（日）奈须正裕著；李凌洁译.
—北京：中国青年出版社，2024.2
ISBN 978-7-5153-7127-6

Ⅰ.①自… Ⅱ.①奈… ②李… Ⅲ.①小学 – 教学研究 Ⅳ.①G622.0

中国国家版本馆CIP数据核字（2024）第002703号

自适应学习与合作学习：如何在学校课程体系中实现学生的深度学习

作　　者：[日] 奈须正裕
译　　者：李凌洁
责任编辑：肖妩嫔
文字编辑：吴亦煊
美术编辑：张　艳
出　　版：中国青年出版社
发　　行：北京中青文文化传媒有限公司
电　　话：010-65511272 / 65516873
公司网址：www.cyb.com.cn
购书网址：zqwts.tmall.com
印　　刷：大厂回族自治县益利印刷有限公司
版　　次：2024年2月第1版
印　　次：2024年2月第1次印刷
开　　本：787mm × 1092mm　　1/16
字　　数：151千字
印　　张：14
京权图字：01-2023-0165
书　　号：ISBN 978-7-5153-7127-6
定　　价：49.90元

目录

前言……………………………………………………………007

第一章 学生自主学习 …………………………… 011

未来课堂的“蓝图” ………………………………………… 013

“自学与自习”项目 ………………………………………… 015

“个人计划学习”项目 ………………………………………… 026

“自由学习”项目 ………………………………………… 046

学生的改变和成长 ………………………………………… 060

“儿童观”的新内涵 ………………………………………… 063

第二章 每个学生都是天生的学习者 ……………… 065

学生会主动寻找教材与自我的联系 ……………………… 067

学生开展自主学习的关键 ………………………………… 076

第三章 每个学生都是独一无二的 ………………… 085

每个学生的学习适应性不同 ……………………………… 087

让学生根据自己的情况和时间安排学习 ………………… 091

鼓励学生开展互惠性的合作学习 …………………………………… 099
自适应学习与合作学习的关系 …………………………………… 108

第四章 学习决定权与环境教学 …………………… 113
把学习决定权交给学生 …………………………………………… 115
营造促进学习的教学环境 ………………………………………… 124

第五章 运用信息与通信技术教与学 …………………… 143
充分利用信息与通信技术工具 …………………………………… 145
打造自主、交互和深度的探究型学习 …………………………… 157
实现打破时空界限的连贯学习 …………………………………… 162

第六章 重新思考教师的专业性 …………………… 167
教师角色与职责的转变 …………………………………………… 169

实践活动方案 1 一起去寻找、去创作自己喜欢的诗吧！… 171

实践活动方案 2 比值计算 ……………………………………… 179

实践活动方案 3 思考“公正”的跨学科单元学习 ………… 189

反思 教师的核心专业能力 ……………………………………… 199

座谈会 何为教师的专业性 ……………………………………… 204

采访 通向未来的接力棒 ………………………………………… 212

诚然，我们无法理解孩子的一切，但是我们可以尽可能地向他们靠近，尽可能多地找到靠近他们的方法。

——《采访：通向未来的接力棒》

前言

以山形县天童市立天童中部小学为舞台，思考如何实现自适应学习与合作学习的综合提升是本书的基调。为了让大家更好地理解以特定学校作为“舞台”的重要性，我首先来介绍一下本书各章节的主要内容。

在第一章中，我们结合天童中部小学的教学活动，通过具体的课堂场景和学生的课堂表现来探讨如何在一所学校的课程体系中实现自适应学习和合作学习的综合提升。从中我们发现了天童中部小学始终坚持的“对孩子和学习内容的深入‘理解’，以及按照孩子们的学习情况开展教学活动，而非一切听从教师安排的‘觉悟’”的重要性。然后我们围绕这个“理解”和“觉悟”，对作为孩子自主学习基础的儿童观进行了重新审视。

在第二章到第五章中，我们继续根据天童中部小学的实际情况，结合教育学和心理学的专业知识，对作为实践策划原理的自主学习和环境教学，以及新教学手段的可能性进行了思考。

在第六章中，我们以三位参与天童中部小学研究的资深教师的实践活动方案和讨论意见，以及对天童中部小学年轻教师的采访为线索，探讨了今后社会对教师专业性的要求。虽然书中只提到一所学校的情况，但内容却具有很强的普遍适用性。也正因为内容具体，所以会很方便大家应用。这也正是本书的目的所在。

我在山形市立第四小学帮忙做研究时的校长酒井顺一教师退休后回家乡天童市担任教育委员长一职。于是，我与天童市的缘分便始于20年前酒井教师对我的召唤，他说希望我能为天童市的教育事业贡献一点力量。当时这个项目的总负责人正是天童中部小学的现任校长大谷敦司教师，也是此次研究的“领头人”。

我一边与大谷教师商量，一边从天童市立高擎小学着手，开始了振兴该市学校的工作。其间，我还多次邀请当时与我共同参与实践研究、时任横滨市立大冈小学研究主任的齐藤一弥教师（现任岛根县立大学教授）前往天童视察。通过这层关系，齐藤教师也深度参与了这次天童中部小学的实践研究，并提出了具体的实践活动方案（见第六章）。而另一位提出实践活动方案的佐藤卓生教师则是山形市立铃川小学的一名在职教师，也是大谷教师在山形大学附属小学任职期间的同事，而对我来说，他又是一位与我共同参与了诸多项目的研究伙伴。另外，虽然书中没有明确提到东京学艺大学的佐野亮子教师，但她在自适应学习的单元结构、教材开发以及学习环境创设等方面给予了我们非常耐心的指导。

此外，担任本书编辑的东洋馆出版社的河合麻衣先生也三次到访天童，不仅参观了孩子们的学习场景，参加了教学研讨，还为项目的立项和备案倾注了不少心血。可以说这本书写的就是在天童中部小学发生的一切。单从形态论或方法论的层面去理解和实践自适应学习与合作学习的综合提升是不对的，甚至可以说是危险的。天童中部小学认为：“孩子们最终要能在没有教师的地方独自学习，独自解决问题。为此，课堂应该是一个教师为孩子们的独立自主能力的培养及时提供帮助的地方。”归根结底，“教师应该如何理解孩子和课堂？应该为此做些什么？”这才是值得我们深入思考的问题。希望这本书里的内容能对你有所帮助。

奈须正裕

五一黄金周结束。同学们的解说通俗易懂（“自学与自习”项目）。

第一章

学生自主学习

未来课堂的“蓝图”

为应对社会形势的急剧变化，日本不仅推出了“GIGA学校”构想[①]，还描绘了一幅包括“自适应学习”在内的“未来课堂”蓝图。同时，我们也能看到各领域对STEAM教育和可持续发展目标（Sustainable Development Goals，SDGs）的重视程度也在不断提高。

为了让所有孩子切实掌握基础知识和基本技能，加强对他们思考力、判断力、表达力，以及自主学习能力和坚韧不拔的学习态度的培养，教师需要对孩子开展“个人辅导”，通过对个人进行针对性的重点辅导来提高整体教学质量，根据每个孩子的特性、学习进度、学习成绩等综合情况，对教学方法、教材选择、学习时间等做出灵活调整。

此外，我们还要注重“个性化教学”，即在以基础知识和基本技能、语言能力、信息处理能力、发现和解决问题能力为主的素质和能力的基础上，根据从幼儿时期开始在各种场合中培养起来的兴趣和职业规划，通过

① 2019年12月，日本文部科学省提出“GIGA学校”构想，这是一个包括加速中小学信息化教学进程，建设高速大容量通信网络，整顿学校信息与通信技术教学环境在内的综合性教育信息化推进计划。——编者注

课题设置、信息收集、整理分析、总结发表等方式，为每一个孩子提供最适合的教学活动和课题研究机会，让每一个孩子都能调整到自己最佳的学习状态。

以上所说的“个别化辅导”和“个性化教学”是从教师的角度就“个人单独辅导”所提出的概念，而从学生的角度来看，这个概念则变成了“自适应学习”。

此外，为了防止“自适应学习”沦为“孤立学习”，我们必须对培养儿童素质和能力的“合作学习”做进一步加强。通过“日式学校教育”一贯重视的探究学习和体验活动等，让孩子们在与同学，或包括社区在内的各界社会人士的相互合作中，学会尊重每个人的价值，懂得应对各种社会变化，并承担起创建可持续发展社会的重任。

在“合作学习”中，为了改善教学模式，不让任何一个个体在集体中被埋没，实现“自主互动式的深度学习”，我们必须结合每个孩子的优点和潜能，让各种不同的思维方式能够自由地组合碰撞。

那么，如何才能在一所学校的教学课程中实现自适应学习与合作学习的综合提升？接下来，我想以山形县天童市立天童中部小学开展的教学活动为例，对这个问题做进一步思考。

“自学与自习”项目

孩子们自主上课

山形县天童市立天童中部小学位于山形县天童市市中心，是一所由29个班级和667名学生（2021年统计）组成的大规模学校。如研究构想图所示（图1.1），除了平时的“师生合作教学”，该校还会开展“自学与自习”“个人计划学习”“自由学习”这三种由学生自主进行的教学活动。在这一章，我们不仅会向大家介绍这些活动，还将带着大家一起来看看我们是如何在一所学校的课程体系中实现自适应学习与合作学习的综合提升的。

天童中部小学最先开展的教学活动是“自学与自习”。请看图1.2。这是一堂六年级的数学课，讲的是“分数乘法”。然而，黑板前并没有教师的身影，站在讲台右侧、手拿平板电脑的女孩是今天的主持人，而站在左侧的那两个孩子则正在黑板上归纳着同学们的意见。是的，“自学与自习”是一堂完全由孩子主导的课。虽然天童中部小学开展的“自学与自习”借鉴的是川崎市立川崎小学的经验，不过，奈良女子大学附属小学等学校早在很久以前就已经在开展这种教学活动了。

这一天刚好在上公开课。为了研究孩子们是如何自主上课的，包括班主任在内的很多教师都来教室听课了（图1.3）。天童中部小学的教师对教师如何教学生很感兴趣这一点是毋庸置疑的，但他们更关心的是孩子如

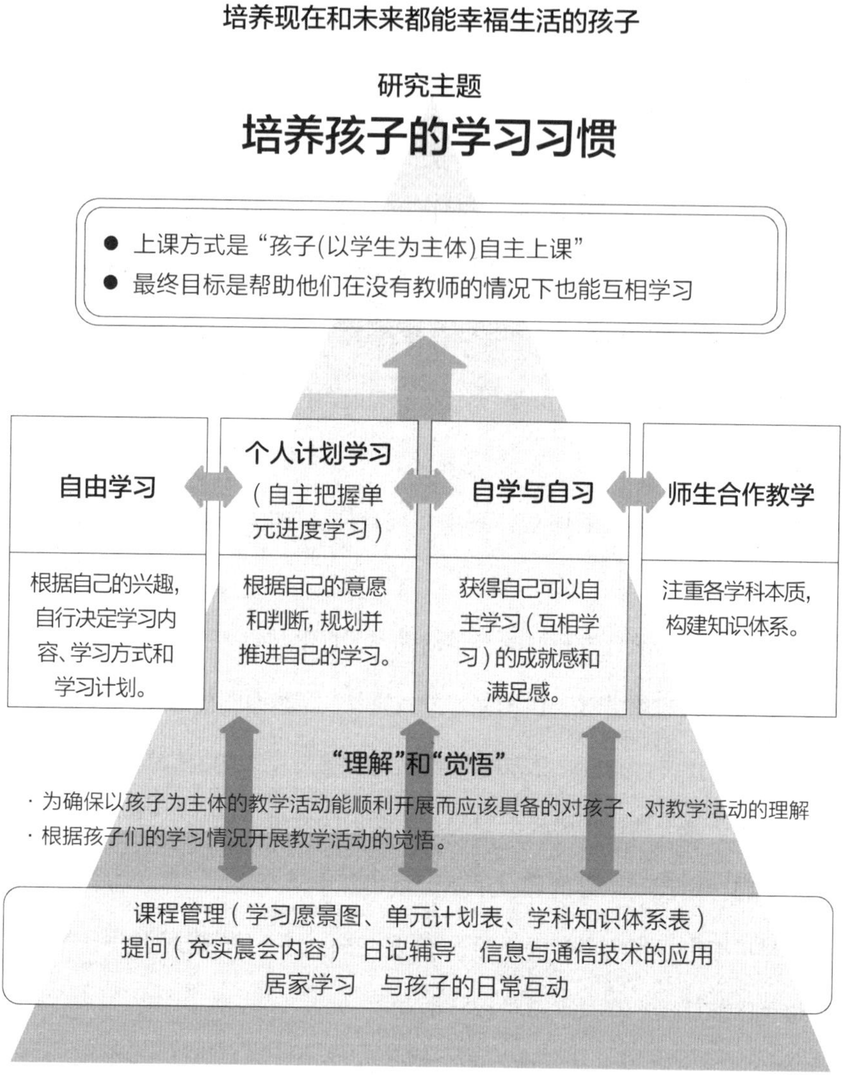

图1.1 天童中部小学的研究构想图

图1.2　六年级数学课“分数乘法”的“自学与自习”

图1.3　开诚布公各抒己见，一同探讨、共同进步的孩子们

何自主学习和成长，并且他们也一直都在从事着这方面的研究。另外，在讲台上发言的孩子之所以都拿着话筒，是因为我们会对这堂课进行全程录像，并在全校播放，这样做是为了让没能进入教室听课的教师也能看到教室内的情形。这也是为应对新冠疫情而想出的新招。

有意思的是，与教师站在前面讲课时相比，大家举手的积极性更高，讨论也更加活跃。众所周知，教师在课堂上的提问都是有目的性的，所以高年级学生总免不了会多想。但“自学与自习”则不然，因为同学之间不会有像对待教师那样的揣度和客套，所以大家更容易在开诚布公的交流中让讨论变得更加热烈。

在社会课或班级活动的“自学与自习”中，大家经常会因讨论太过激烈而发生争吵。每当这时，他们的朋友便会站出来劝说，告诉他们哪里说得过分了，这样就能巧妙地促成双方的和解。有意思的是，班上所有同学似乎已经对这种“争吵”达成了统一认识——争吵是为了让课堂学习变得更好。这样一来，大家便不会有任何心理负担，那些不小心说错话的孩子也能马上重新融入大家的讨论。我想这也是值得我们这些教师好好学习的地方。

图1.4是四年级数学课“小数除法”最后一堂课上的情形。从照片中我们可以看出，只要适应了这种上课形式，孩子们也是可以写出这么多的板书的。当讲到把小数转化为整数再除时，有些孩子表示应该将数字乘以100，有些孩子则认为应该乘以10，于是，关于这两种方法为何可行的理由便成了这堂课讨论的焦点。面对如此激烈的讨论，扮演教师角色的三个

图1.4　孩子们自己也能写出这么多板书

孩子最后给出的总结是："关键还是要弄清楚除法的本质。"

虽然班主任在教室时也会开展"自学与自习"，就像前面提到的六年级数学课那样，但最能发挥他们真正实力的还是当教师因出差或参加其他班的公开课研究不在教室的时候。该活动也一直都是作为公开课的"接档节目"一样的存在。之所以"请写出7.56÷6.3的笔算方法"这句板书的字迹与其他板书稍有不同，是因为这一句是班主任在上课前提前写好的。在天童中部小学，教师不会因为自己不在教室就给同学们布置作业，让大家自习，而是会让他们通过"自学与自习"的方式自主上课。这样的话，教师就可以安心地去出差或去参加其他班级的公开课了。

板书右下方的那句"请算好的同学将答案写在笔记本上，然后拍照提交"是对应用题做出的指令，也是"GIGA学校"构想计划规定的答题流程：先用平板电脑拍照，然后通过云端授课支援系统提交作业。只要孩子在云端授课支援系统上完成提交，那么就算班主任去很远的地方出差了，也可以及时了解大家的学习情况。一人一台电脑的硬件保障和高速大容量的网络环境大幅增加了小学课堂教学的可能性。

低年级的孩子也可以开展“自学与自习”。至于什么时候合适，以天童中部小学为例，学校从一年级的五月开始就已经在开展这项活动了。另外，多所学校的实践结果也表明，至少在一年级暑假结束后，孩子们是完全具备自主上课的能力的。

课堂教学脚本

有人会问：“你们是怎么做到这些的？”“是不是做了什么特殊训练？”其实做好这些完全是理所当然的，根本不需要什么特殊训练。理由很简单，因为在孩子们看来，他们不过是在玩扮演教师的过家家罢了。

毕竟孩子们自上学以来，大部分时间都在听教师上课，每天都在认真观察着教师的一言一行，所以一定能很好地模仿教师的举动。就算是一个四岁的孩子，在家玩过家家的时候也能准确地模仿父母的举动，那么让小学生在学校模仿一下教师又有什么难的呢。反而做不到才会让人觉得不可思议。只要给孩子们机会，他们就会非常高兴地去扮演这堂“自学与自习”课的教师。

孩子们会在每天的学习中归纳学习各学科的课堂流程，这就是心理学上所说的“脚本”。其实我们在日常生活中会归纳并学习大量的脚本，并且也都按照脚本游刃有余地生活着。比方说，虽然每家餐厅是不一样的，但人们总能熟练地走进餐厅用餐。这是因为虽然餐厅不同，但客人进店后的行为流程基本上是固定的，所以即便是第一次光临，也不会感到局促。

上课也是如此，如果是数学课，那么流程应该就是“复习已学知识点→解答今日例题→说出各自的答案→解说各自的解题思路→总结学习要点→解答习题”。如果是语文课，那么它的基本规则可能就是“从文中找出问题答案，说明自己的想法，并与同学共同讨论”。

孩子们对这种按照各学科脚本来扮演教师的过家家非常感兴趣。虽说是感兴趣，但因为大家都明白这是学习的一部分，所以也会非常认真地对待。尤其是扮演教师的孩子，他们会非常认真地做好事前准备。图1.5是担任主持人的孩子上课时用的脚本。上面除了课堂流程，还详细地写有提问内容和提问方式，这一点非常值得我们教师学习。受扮演教师角色的孩子们的影响，其他同学也会为了把课上好而全力配合，于是这堂课自然就会充满活力，让大家受益匪浅。

图1.5　为做好“自学与自习”的主持人进行了周到的准备

师生双方都要做好周到的准备

接下来，就让我们一起来看看具体应该如何进行吧。为了确保班里每位同学都能当上某门课的教师，我们会通过让擅长或喜欢该学科的孩子当课代表候选人，或者让值日生一起加入等方式来决定扮演教师角色的人选。

在课堂上，教师会指定单元的某一部分让孩子们用“自学与自习”的方式去学习。这里是需要教师做出专业判断的。

比如表1.1是一份由6个课时组成的六年级数学“分数乘法”的教案。第一、第二课时是对分数乘法这个概念的导入部分，所以理应由教师来教。而第三、第四课时是对第一、第二课时所学内容的应用和发散，这里完全可以让孩子自主进行。同样，只要教师在第五课时对分数公式的运用

表1.1　六年级数学“分数乘法”单元的示例

课时	教学内容
1	思考并理解分数乘法的意义
2	让学生思考“分数 × 分数”的计算方法
3	让学生在计算过程中思考可约分情况下的计算方法
4	理解带分数间的乘法，以及“整数 × 分数”的计算方法
5	理解面积公式和体积公式同样适用于边长为分数的情况
6	理解交换律法则、结合律法则、分配律法则在分数的情况下同样成立

（资料来源：森勇介，《换个“思考角度和思维方式”来权衡轻重：适合“少学多用”的教学方法》；奈须正裕编，《后疫情时代的课堂教学》，东洋出版社，2020年，第116页）

进行了重点讲解，那么以计算规则的运用为主的第六课时也可以交给孩子进行“自学与自习”。另外，虽然接下来要学习的单元是“分数除法”，但只要照着“分数乘法”的方式去做，就算把课堂完全交给孩子，他们也一定能把课上好。

虽然这些内容很难，但是并不需要一上来就挑战这些，不妨从低年级开始，通过逐步积累“自学与自习”的经验来提高孩子合作学习的能力，等他们上了六年级，就能凭自己的能力去攻克这些难题了。

像“特殊科目（德育课）”或班级活动这些是可以全权交给孩子去做的。虽然课堂效果未必会完全如教师所愿，但也不至于发展到令人担心的地步。如果在课堂上没能得出预期的结论，那就表示有必要就“问题出在哪里？这堂课的目的是什么？”重新进行认真的讨论。可以说，“自学与自习”正好是一个让大家对“课堂”做出深入思考的契机。在接到“自学与自习”的任务后，扮演教师角色的孩子们便会开始着手准备，当然，他们也可以找教师商量（见图1.6）。而教师务必要认真做好的一点是，根据表中的分析，对“自学与自习”在单元学习中的定位、目的、与已学知识点的关联等进行简明扼要的说明。并且，教师一定要把包括教师参考书在内的所有教辅资料毫无保留地交给孩子。要毫不畏惧地把自己的“上课神器”暴露给孩子。这样等他们实际上课时便会明白，原来课堂根本不会按照自己的计划进行，于是，他们也就能切身体会到教师平日的辛苦。

我想到一个外校的例子。有一天，一个上课十分积极的孩子跑过来对我说：“老师，我也想要听课老师们手里的那本书。”他说的是教师参考

图1.6 和教师(左边)一起讨论“自学与自习”

书。于是我二话不说就把书给了他。然后，他和同学一起做了一份教案，并且还问我：“老师，我对评价部分不是很清楚，您那里还有什么可供参考的资料吗？”于是，我又把学习指导要领和日本文部科学省的解说资料也拿给了他。令我意想不到的是，他在看完那些资料后，第二天竟然又对教案做出了修改。在这种日积月累的锻炼之下，到了高年级，孩子们的教课水平自然就能达到实习教师的水准。

我在前面的“小数除法”中也提到过，“自学与自习”是通过拍摄板书照片，或者各自向云端授课支援系统提交学习成果或感想等方式进行的。

培养能动性

“自学与自习”有意思的地方是，孩子们的上课节奏通常都非常快。他们上课从来都是直奔主题，不会像单口相声那样先做一些铺垫。我不仅从这了解到了孩子们喜欢的上课形式，每每在看到他们有充足的时间做课堂回顾时，我都会反思自己的课是多么地啰唆和浪费时间。

所谓反思，其实就是从为完成任务而努力模仿教师的孩子身上看到了自己的影子。因为他们的一举一动简直就是自己的复制粘贴，从提问或下达指令，到对待同学意见的态度，甚至包括提醒的方式都是一模一样的。这些都是值得我们反思的地方。虽说从孩子身上的问题去修正自己的言行这样的做法会有一定的滞后性，但是在这个过程中，“自学与自习”会变得越来越好，这样的努力是非常值得的。“自学与自习”通常是在教师不能来教室上课时进行，不过班主任偶尔在后面旁听，然后课后再与孩子们一起进行回顾效果也会很好。孩子们一定对“教师对自己的努力会做出什么样的评价？又会给出怎样的建议？”非常感兴趣。另外，教师和学生也可以通过这种交流，针对包括课堂教学在内的所有感兴趣的知识点进行讨论。虽然前面提到了资料公开的重要性，但我更希望教师能制造更多和孩子坦诚谈论课堂教学的机会。而“自学与自习”就是这样一个很好的机会。

学校生活的各个方面，包括课堂教学，原本都应该由学生和教师共同创建。可是一直以来，由学生主导策划的大多都是校园活动或学生会等特别活动，课堂教学从来都是由教师全权负责。而“自学与自习”却打破了这一壁垒，把课堂教学交由学生和教师共同创建。这样的改变会大大提高学生们的能动性。

近年来，经济合作与发展组织提出了学生能动性这个概念，直译过来是“行为主体性”。经合组织认为，这是为了实现“理想未来”不可或缺的基础，是一种“为了做出改变而设定目标，反思并负责任地行动的能力”。毋庸置疑，在教师的帮助下，根据自己的意愿和能力，与同学一起共同创造自己想要的课程的“自学与自习”是一定可以培养起这种学生能动性的。

“个人计划学习”项目

按照自己的计划推进整个单元的学习

基于“自学与自习”的实践经验，天童中部小学又推出了一项新的教学实践——个人计划学习。虽然它与“自学与自习”一样，都是由学生们自主开展的学习，但与侧重合作学习的“自学与自习”不同的是，它的侧重点是自适应学习。这是一种被称为“自主把握单元进度学习”的学习方法，即把整个单元的学习全权交由孩子自行安排，由他们自行负责制订最适合自己的学习计划，并根据自己的判断进行自主学习。

图1.7和图1.8是六年级学生在社会课上学习历史的情形。课堂上，每

图1.7 在实验室的大桌子上摊开资料和电脑学习

图1.8 坐在教室的座位上和朋友一边讨论一边学习

个孩子对从绳文到弥生再到古坟的各个时代以及时代变迁提出了自己的问题，并为了寻找问题的答案而翻阅着各种资料。而在这个过程中，孩子们的学习方式可以说是五花八门。有些人会仔细对照教科书和参考资料，努力构建自己的理解体系，有些人则是通过平板电脑去网上搜集大量资料，有些人会独自学习，有些人则是和朋友一边讨论一边学习。另外，大家的学习场所也各不相同，有些人喜欢在自己教室的座位上学习，有些人则会去有大桌子的实验室。可谓是千差万别，充满个性。

虽然“个人计划学习”的学习内容是事先定好的，但是正如其名所示，在什么时候用什么方式学习，这些都取决于每个人的计划和当时的想法。而教师进行学习环境创设则是对该教学实践最有力的支持。比如在开展“个人计划学习”期间，将陶器、陶俑、石器等复制品摆放在模仿博物馆陈设的空教室，供学生自由参观和触摸（见图1.9）。于是，他们不仅会在社会课的课堂上学习，还会利用休息时间和朋友一起过来学习，这样就能大幅增加孩子的学习时间。另外，有些孩子还会用平板电脑拍照，估计是写报告时要用的吧。

值得注意的是，并不是所有孩子都在千篇一律地做着图1.9里的事，比如有的孩子会多次去展示区参观，而有的孩子则只会在展示区稍作停留。有的孩子会将这些学习资源牢记于心，并以从中获得的感受和启发为中心进一步深入学习，有的孩子则会去找其他资料学习。而这里最重要的就是要找到能够触动每个人的学习资料，而这些资料都是因人而异的。正因为如此，作为教师，我们必须准备尽可能多的信息和资料。

图1.9　可以自由观看和触摸的陶石器复制品

为了给孩子提供一个随想随学的学习环境，我们可以将教师用的电子教材投放到大型显示器上，供孩子们自由观看（图1.10）。有的孩子会兴致勃勃地将里面的内容认真地看个遍，有的则是完全不感兴趣，不过这都没有关系。

图1.11是一家权威教材出版社提供的大尺寸插图。很多时候因为教师的安排或时机的关系，这些图在统一教学的课堂上只会向孩子们展示一次。如果能像这样，一直将这些插图张贴在过道两侧，那么，感兴趣的孩子就可以在自己有空的时候，将喜欢的插图看个够。“个人计划学习”还有一个特点，那就是可以同时开展多学科学习。该教学实践原本就是为了让孩子们在规定时间内自由规划并贯彻充满个人创意的学习计划而实施的，如果他们能够在这段时间内同时学习两门学科，那就相当于他们的学

图1.10　连接在大型显示器上的电子教科书

图1.11　孩子按照自己的想法搜集资料

习自由度得到了双倍提升。尽管大多数孩子在规定时间内都能制订出合适的学习计划，但其实他们完全可以在实践中根据自己的优劣势或兴趣爱好来调整各学科的学习时间，甚至可以说，孩子们能够对自己的学习时间进行合理分配也是我们所期待的。

具体来说，就是把擅长的学科提前学完，为不擅长的学科留出足够的学习时间，并通过这一次的单元学习，克服对不擅长的学科的恐惧心理。或者就是，将时间花在自己一直感兴趣的学科上，并充分享受其中的乐趣，与此同时，努力提高其他学科的学习效率，在规定时间内学完必修内容。合理安排时间，给孩子们提供足够多的机会去尝试自己的各种计划，这对元认知能力和自我调节学习能力的培养，以及找出适合自己的学习方法，也就是“擅长的学习方法”至关重要。

另外，由于每个孩子学习的科目和参与的活动各不相同，所以大家也就不会敏感地拿自己和朋友做比较。特别是科学实验和观察，大家的进度各不相同，于是在同一时间内，对相同仪器和设备的使用需求也会大幅减少，这样一来，只需准备少量仪器和设备，就能满足孩子们的需求，从而也降低了学校的运营成本。

图1.12是六年级科学课的光合作用实验角，在那个套着袋子的凤仙花花盆上插着测量氧气值和二氧化碳值的测量仪，花盆旁边还设置了充足的光源。尽管这个实验需要花费很长时间，但它却是学生个人在做的实验。这也正是“个人计划学习”这个允许学习有不同的进度，允许采用不同的活动形式，允许同时学习多门学科的实践活动的特有优势。也就是说，孩

子们在活动中可以根据当天的情况，灵活调整学习内容，比如有的学生原本今天打算做实验的，可去了之后才发现实验室已经没有空位子了，于是赶紧改变计划。

资料1是图1.12里的孩子们在学习中使用的学习卡。虽然做实验时需要参考教科书内容，但是在光合作用开始前的那段准备时间内，大家会观看电子教科书里的视频，并结合自己的实验结果进行综合考察。

图1.12 六年级科学课实验角《生物之间的关系》

资料1　六年级科学课《生物之间的关系》学习卡

"个人计划学习"六年级科学

教科书 p80 ~ p82

生物之间的关系 ❸

班级：　　姓名：

问题

植物与空气之间存在何种关系？

调查

动手做起来！

① 往套着袋子的凤仙花盆里吹几次气。

② 检测氧气值和二氧化碳值。

＊将花盆在阳光下放置 30 分钟。→ **等待期间要做的任务**

③ 检测氧气值和二氧化碳值。

请边看视频边思考！

① 翻到电子教科书的第 81 页。

② 观看视频，并在表格内填入视频里的实验结果。

结果

动手做起来！

	氧气	二氧化碳
时　　分	%	%
时　　分	%	%

一起来看视频！

	放置在阳光下的花盆		套了袋子的花盆	
时间	氧气	二氧化碳	氧气	二氧化碳
时　　分	约　　%	约　　%	约　　%	约　　%
时　　分	约　　%	约　　%	约　　%	约　　%

考察和结论

放置在阳光下的花盆：

氧气值 → 增加，减少

二氧化碳值 → 增加，减少

在有阳光的环境下，植物会＿＿＿＿＿＿

套了袋子的花盆：

氧气值 → 增加，减少

二氧化碳值 → 增加，减少

植物和动物一样＿＿＿＿＿＿

学习指南

那么，应该如何具体推进该教学实践活动呢？在制订学习计划时，孩子们会参考一种名为“学习指南”的卡片。资料2是绪川小学自制的这种卡片，上面简明扼要地记载了单元目标、学习内容、标准课时、以提问为主的单元导入短文（统称“0”号内容）、基本学习流程、所对应的教科书页码以及与之相关的学习资源和学习机会。学习指南上的信息与一般的单元教案基本相同，而指南的不同之处在于把教案交给孩子。

考虑到孩子们在学习方式和认知方式上的差异，我们有时也会制定多种学习指导方案。教师虽然会根据孩子的情况做出推荐，但最终选择权却是在学生手里。有些孩子从众，喜欢和朋友做一样的选择，那就任由他去尝试。如果进展不顺利，他自然会想对策解决；又或者，他会在这次全新的挑战中如鱼得水，并从中获得新的经验。在个人计划学习中，“在各种经验基础之上认真审视自己的学习方式，并努力探索自己擅长的学习方式”的重要性和“对单元内容本身的学习”的重要性是比肩的，甚至可以说是更甚于后者的。

一旦定好了计划，大家便会开始各自的学习。因为学习以自学为主，所以无论是科学实验还是过程观察，从最初的准备到最后的打扫都得由学生自己单独完成。由于学习进度是由个人自行决定的，所以在某一特定时间内，即使是同一个班的孩子，也可能会用到不同的卡片，或者开展不同的活动。不过，如果从单元整体来看的话，一切又都是合理的，因为只要

资料2　五年级社会课《不断变化的工业》的学习指南

学习指南（五年级社会课《不断变化的工业》）

1. 认识到人们正致力于对有限的工业资源进行优化配置。
2. 了解加工贸易，思考日本贸易的未来发展方向。
3. 加深对大中小工厂的作用以及工厂员工的了解。
4. 了解工业发展带来的公害，以及所做的防治措施。

[0]　在你的日常用品里，是否有由人加工制造出来的产品？一支铅笔、一张纸……这些都是人们通过某种方式加工制造出来的。与农业和渔业一样，加工生产日常用品的工业也存在各种各样的问题。

首先请从以下四个方面学习本单元内容，之后请思考大家所在的东浦町的工业问题，为了解决这些问题，当地政府和公司正在做着怎样的努力？

		学习卡	教材	参考资料	其他
[1] 调查工业发展对人类的必要性。		学习卡 1	p19 ~ 20 p41 ~ 42	p68 ~ 69	
[2] 思考工业面临的各种问题。（可按任意顺序学习 ABCD）					
A	A1 选择一个日常用品，分析它的原材料成分。 A2 了解工业资源（工业原料、动力、工业用水）。	学习卡 2	p21 ~ 27	p52 ~ 53 p56 p64	地图册 p55 提示卡 资料卡 1
B	B1 了解日本贸易中的进出口产品及其贸易合作国的情况。 B2 思考日本贸易的发展趋势。	学习卡 3	p28 ~ 33		资料卡 2 和 3
C	C1 调查大工厂和中小工厂的员工情况。 C2 思考中小工厂的作用。	学习卡 4	p4 ~ 16 p34 ~ 39	p58 ~ 59 p72 ~ 80	录像 1
D	D1 举出一个具体的公害案例，调查其现状、产生原因及解决方法。 D2 了解日本政府、各省、各公司所采取的公害防治对策。	➡ 请交给教师检查。 学习卡 5	p40 ~ 43	p65 ~ 67	校本资料1 p35 ~ 41 校本资料2 p35 ~ 40
[3] 通过上面 A ~ D 的学习，写一篇关于未来工业发展趋势的报告。		➡ 请交给教师检查。			提示卡 2
—— 请所有人加油完成以上步骤。——					
[4] 谈谈自己对东浦町工业问题的看法。					

（资料来源：爱知县东浦町立绪川小学《发展个性化教学的方法》，日本明治图书出版社，1983年，第187页）

最后能够达成单元目标就可以了。

有人也许会担心，如果我们把单元学习完全交给孩子自主进行，会不会出现学不完指定内容的孩子？以我们的经验来看，即使是基础最差的孩子，基本上也能在规定时间内完成所有课题。因为孩子们会认真地对整个过程做出预估，并按照事先定好的计划来推进学习进度。如果进度严重滞后，他们就会马上察觉并加快学习速度。如果还是落得太多，他们就会想尽办法找时间赶紧补上。

不过，其实这种情况很少出现，反而大家在时间上会比较充裕，学得快的孩子甚至在规定的一半时间内就能完成所有课题。因此，为了应对这种情况，我们还准备了拓展学习，比如，在对五年级的科学和社会这两科开展共计13个课时的“个人计划学习”时，班里33名孩子中有30人参加了拓展学习。并且，平均每个人用于拓展学习的时间为4.8个小时，其中最多的甚至达到7个小时。

为什么大家会多出这么多空闲时间呢？理由很简单，（当时的）日本国立教育研究所的调查结果显示，在个人计划学习中，孩子需要自己动手动脑的时间占总学习时间的91%。而这一惊人的数字也直观地反映出了这种学习方式的效率之高。经常有教师会抱怨“教学时间不够”“课本内容根本讲不完”，其主要原因还是统一教学的效率太低。在后续章节中，我们将从历史背景和心理学原理两方面对此做出详细分析。

在学完规定内容后，教师会检查大家的学习成果，或者会通过考试来进行测试。如果达到要求，大家最后便又会回到单元最开始的问题“0”

号，并给出自己的答案。如资料2所示，孩子们会根据自己对日本工业特点及其存在的问题的了解，说出自己对家乡东浦町的工业问题的看法。

以上是绪川小学自行设计的学习指南，以及基于该指南的教学流程。现在市面上有很多类似的学习指南，不过，不仅这些指南的内容各不相同，与之相应的教学流程也是各具特色。比如资料3，它在每个小单元的结尾处都会进行一次由教师安排的随堂测验，并且也没有在学完整个单元内容之后重新思考“0”号问题的环节，取而代之的是选择自己感兴趣的课题开展拓展学习等，这些都是与绪川小学不同的地方。天童中部小学也为“个人计划学习”制定了这种学习指南。另外，资料3的学习指南的独特之处是，它里面并没有“0”号这个环节，它的单元导入是通过其他辅导资料进行的（见资料4）。

像这样，制定学习指南成了个人计划学习课程设计的一部分。而课程一般都是以学习指导要领和日本文部科学省的解说为基础，以教科书为参考来设计的。所以，教师首先要做的是认真确认教科书各章节规定的教学活动与教材所对应的是学习指导要领中的哪部分内容，以及如何才能实现这些素质和能力的培养。

虽然这些都是日常备课中必须要做的工作，可对于需要事先以书面形式给出所有指令和说明，而非当场给出口头说明的个人计划学习来说，如果这一点没做好，学习指南和学习卡的制作也就无从谈起。对于那些习惯于每天对着教科书照本宣科的教师来说，这也是一次重新认识“应该如何备课”的好机会。另外，天童中部小学有很多刚毕业的新人教师，他们

资料3　六年级科学课《杠杆原理》的学习指南

自主进度学习	科学课《杠杆原理》学习指南

姓名

（参考学习时间：8小时）

目标

・了解杠杆的平衡条件。
・了解“杠杆”和利用“杠杆”原理制作的工具。
★ 确认步骤1　提交学习卡
・制作杆秤或天平。
★ 确认步骤2　提交作品
・认识“杠杆”的作用。
★ 确认步骤3　测试

学习流程

学习内容	教科书	学习卡	答题卡
① 了解杠杆的作用。	p72 ~ 73	学习卡 1	答题卡 1
② 了解杠杆在受力点或施力点改变的情况下的变化。	p74 ~ 75	学习卡 2	答题卡 2
③ 用杠杆实验仪探究如何让杠杆保持平衡，并思考其平衡的条件。	p76 ~ 79	学习卡 2	答题卡 2
④ 用杠杆实验仪探究在两处以上挂上砝码会产生的变化，并思考其平衡的条件。		学习卡 3	答题卡 3
⑤ 了解利用“杠杆”原理制作的工具	p80 ~ 83	学习卡 4 和 5	答题卡 4
★确认步骤1　将学习卡1 ~ 5交给教师检查			
⑥ 制作杆秤或天平。	p81、p84	学习卡 6	
★确认步骤2　将作品和学习卡6交给教师检查			
⑦ 接受测试。	试卷		
★确认步骤3　将试卷提交给教师			

请务必完成以上任务。

拓展学习	☆请探究受力点和作用点之间没有支点的杠杆的结构。
	☆请解答小隆和良子二人的跷跷板问题。
	☆请从学校找出 3 个以上“利用了杠杆原理的工具”。
	☆请参考“制作卡”，制作一个带有平衡原理的物品。
	☆从网上搜集并整理“天平”或“杠杆”的相关资料。

（资料来源：小山仪秋主编，竹内淑子著，《学科自学之“自主进度学习”的概念和学习方法》，黎明书房，2019年，第24页）

资料4　六年级科学课《杠杆原理》的辅导资料

六年级科学课　　自主进度学习《杠杆原理》的辅导资料
六年级＿＿＿＿＿＿班　　　姓名＿＿＿＿＿＿

[问题1]
小隆和良子的跷跷板

看起来胖乎乎，体重却很轻（30公斤），且性格要强的是“良子”。
看起来瘦弱，体重却较沉（70公斤），且性格怯弱的是“小隆”。
这两个人是好朋友，今天又一起来玩跷跷板了。
良子对小隆说：“喂，你坐那里不行吧！想好了再坐好吗！”
小隆听完有些不知所措，带着几分哭腔说：“可我不知道坐哪里好呀。”
那么，小隆坐哪里才好呢？

[问题2]
拔钉子的秘密

应该有人拔过钉子吧？为什么我们轻轻松松地就能将钉子拔出来呢？

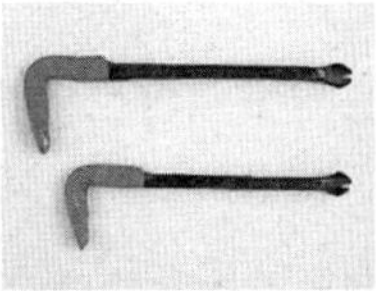

[挑战]
让我们一起来制作“杆秤”吧。

自古以来，做买卖会使用“秤”。而“杆秤”运用的就是平衡原理。
竹内教师就做了一把“杆秤”。
你不妨也来做一把，来和竹内教师一决胜负吧！

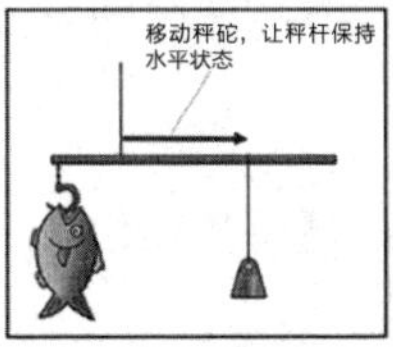

请在学完本章内容后，回答以上问题，并完成挑战！

· 学习地点：第2实验室
· 所需工具：彩色铅笔、剪刀、文件夹、教科书

（资料来源：小山仪秋主编，竹内淑子著，《学科自学之“自主进度学习”的概念和学习方法》，黎明书房，2019年，第23页）

与同年级经验丰富的教师一同进行“自主计划学习”的课程设计、教材研发和学习环境创设等，这也能让他们养成良好的备课习惯。

在参考教科书时，不要只看学校指定的那一本，而是应该与其他出版社的教科书对照着看，这样就能从中获得更多的创意灵感。每家出版社的教科书不仅解说和举例会不一样，而且很多时候，它们对相同内容所用的教学资料、开展的教学活动，及其活动的开展顺序也存在很大的不同。如果你认为学校的指定教科书里的学习方法对一部分孩子来说难度太大，其他教科书的方法更适合他们，不妨将那些方法放到学习指南和学习卡中，为孩子们提供更多的选择。此外，一个充满魅力的学习环境也会推动他们去尝试更多的学习方法，并从中找到最适合自己的，这样也就更有助于他们按照自己的方式，充满自信地开展自主学习。

发掘真正的实力

“个人计划学习”在低年级和特殊班也能开展。资料5是一年级语文课《暖心大作战》的学习指南，这是一个学习信件书写的单元。可能你会被“对自己所写的文章进行反复推敲”这个目标吓到，但请尽量不要替换掉这些学科术语。因为虽然它们有些晦涩难懂，但孩子们是能够在实际学习推敲的过程中对它们做出正确理解的，所以是不存在什么问题的。相反，频繁更换表达方式反而会导致孩子们的思维混乱，这才是更值得我们担心的事。

资料5　一年级语文课《暖心大作战》的学习指南

暖心大作战!!

一年级 ________ 班　姓名(　　　　　　)

目标

· 礼貌并具体地表达自己想要传达的内容。
· 对自己所写的文章进行反复推敲。
※推敲……斟酌词句，反复琢磨，言简意赅地表达出自己的想法

<table>
<tr><th>学习流程</th><th colspan="4">检查</th></tr>
<tr><td>（一）定下书写对象和书写内容。</td><td colspan="4"></td></tr>
<tr><td>书写对象：</td><td colspan="4">书写内容：</td></tr>
<tr><td>（二）了解书信写法。
※将书信写法写在纸上。</td><td colspan="2"></td><td colspan="2">教师</td></tr>
<tr><td>（三）学习推敲。
※写三页练习题。</td><td>第一页</td><td colspan="2">第二页</td><td>第三页</td></tr>
<tr><td>（四）在草稿纸上打好草稿。
※看着印有书信写法的资料打草稿。</td><td colspan="4"></td></tr>
<tr><td>（五）进行推敲。
※对照检查项目一览表先自行进行检查，然后再找朋友检查。</td><td colspan="4"></td></tr>
<tr><td>（六）誊写。
※将推敲完的草稿认真誊写出来。</td><td colspan="4"></td></tr>
<tr><td>（七）强化练习！
※给很多人写信，做一个温暖的人。
再做一遍流程中的（二）（四）（五）（六）</td><td>（姓名）</td><td>（姓名）</td><td>（姓名）</td><td>（姓名）</td></tr>
</table>

当然，我们不仅会在显眼的地方张贴卡片，上面简单明了地写着该如何进行推敲，以及推敲会带来的好处，供孩子们随时学习参考（见资料6），还会把这些卡片发给孩子们。图1.13是孩子们正在互相检查已经推敲好的信件时的情形，大家都非常严肃。资料7是面向一年级学生编写的“个人计划学习”的说明书。通过这样一份简单的说明再加上之后的实践，足以让一年级学生理解“个人计划学习”的宗旨，并积极开展自主学习。这并不是什么值得惊讶的事情，因为孩子们本身就具备这样的学习能力和学习积极性。关于这一点，我将在第二章进行详细介绍。

资料6　一年级语文课《暖心大作战》的学习资料

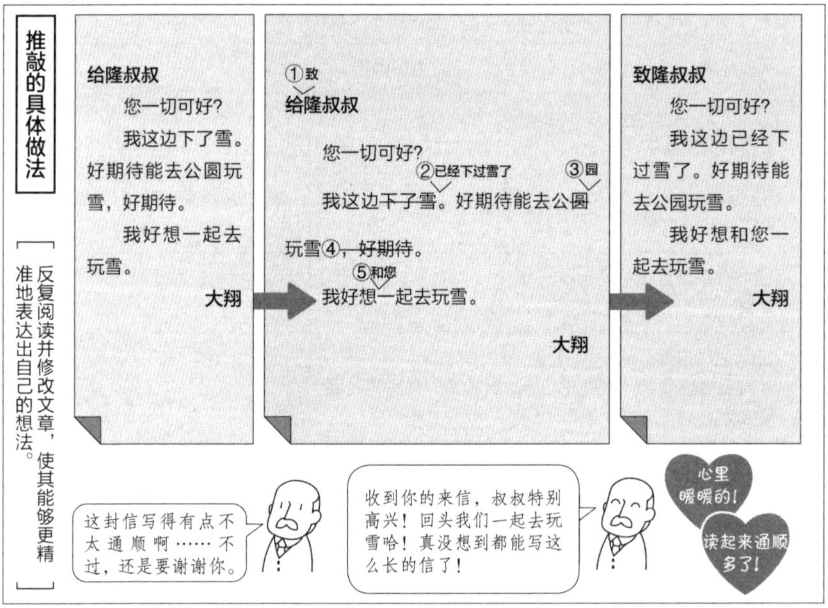

资料7　一年级学生的“个人计划学习”说明书

个人计划学习说明书

一年级＿＿＿＿＿班　姓名(　　　　　　)

● 什么是“个人计划学习”?

指一段由自己制订计划，并按照计划自行展开学习的时间。在这段时间里，每个人都将按自己的节奏推进学习。

● 为什么要开展“个人计划学习”?

因为我们希望一年级学生也能独立学习。他们不仅要弄懂，会做，还要能够制订计划，提出问题，懂得回顾反思，并从中汲取经验。

● 教师不教吗?

遇到解决不了的问题，可以向教师或朋友请教。但是在请教之前，先请自行思考、展开调查!

● 学什么?

学两门课。一共12课时。
语文:《写信告知》，主要在教室里进行。
数学:《塑形》，主要在橡实大堂进行。

● 如果提前学完怎么办?

我们为提前学完的同学准备了强化学习角，鼓励大家不断深入学习。根据自己的情况，按照自己的节奏推进学习，这正是个人计划学习的优点所在。

图1.13 孩子们正在互相检查已经推敲完的信件

我们围绕“测量”这个主题，整合所有与面积、质量、长度、体积相关的数学内容，为特殊班（智力障碍、自闭症、情感障碍、身体残疾）制定了“个人计划学习”的实践教学活动，并开展了实践，让一年级到六年级的孩子可以根据各自的情况和需要，进行有选择的学习。

图1.14是孩子们在玩占领阵地游戏时的情形。游戏规则是猜拳获胜方可在阵地上贴磁铁，然后通过计算磁铁的数量来学习面积大小的比较。图1.15是用天平和一克重的砝码来称不同物品重量的学习角。孩子们会拍下天平平衡后的照片，然后将其作为学习成果上传到云端笔记上。

我们还设置了长度学习角，通过去数贴在走廊墙壁上大小不一的卡通人物的身高是水平粘贴的以厘米为刻度的胶带的几倍，来测算卡通人物的身高，并给它们排序。孩子们也会拿自己的身高和卡通人物做比较。还可以通过改变卡通人物的粘贴高度（脚的位置），学习用普通的计量单位

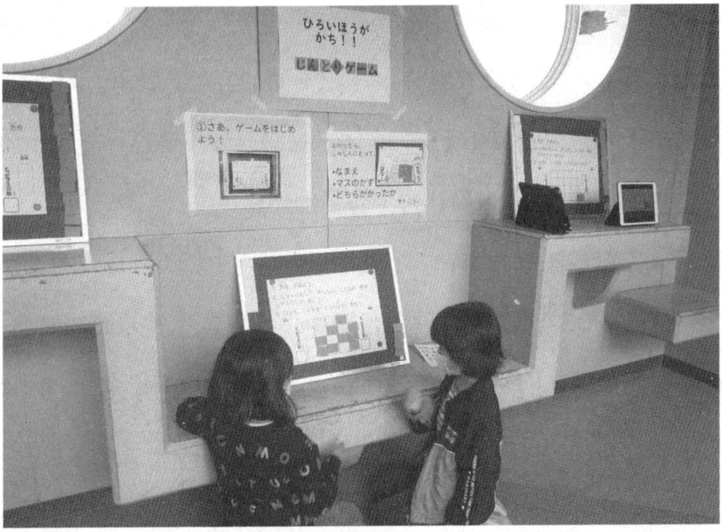

图1.14　通过占领阵地游戏学习面积

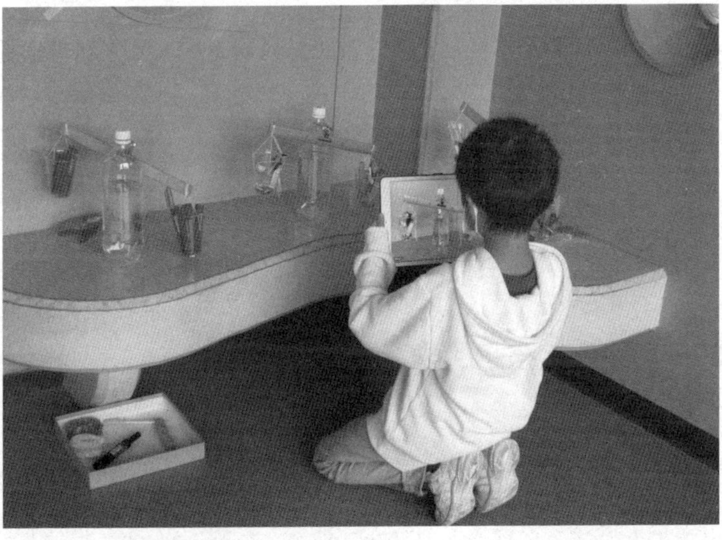

图1.15　拍下平衡时的照片并提交

进行间接比较的意义和好处。

另外，体积学习角放置有许多体积不同的容器，比如尺寸不一的饮料瓶等。孩子们可以将100毫升的水倒入这些容器，通过计算每个容器可装多少个100毫升的水，来确认每个容器的体积。

想必大家已经注意到，在“个人计划学习”中，所有的学习都是围绕数学里的“倍数”这一重要“思考角度和思维方式”展开的。如此一来，学习就不再只停留在面积、质量、长度、体积等单个知识点上，而成了对“测量”以及与之相关的数学概念的更为深入和系统的学习。

此外，孩子们还打破了年级和身体状况的界限，通过各种方式的互动交流，在相互支持和切磋的过程中不断推进自己的学习。从这个意义上来说，这样的学习既是自适应学习，也是合作学习，甚至可以说是一种包容性学习。相信这样的实践活动一定能为特殊教育的未来之路带来更多的启发。

“自由学习”项目

将一切归还给孩子的学习方式

如果将“个人计划学习”再往前推进一步，把所有与学习相关的事全都交由孩子去做会怎么样呢？这里的“所有”指的不仅是学习方法，还包括学习内容在内的一切事情的决定权。而“自由学习”项目正是在这个问题下产生的。

导入“个别化辅导”和“个性化教学”理念，并指导绪川小学开展实践研究的加藤幸次先生指出，对孩子的个性培养应该从两个“擅长”抓起。

第一个是前面提到的“擅长的学习方式”。通过从教材、学习形态、学习途径以及多媒体应用等方面累积各种不同的学习体验，让孩子们形成“这种方式适合自己，通过这种方式能学好”的自我认识，也就是今天所说的形成元认知知识。可以说，“个人计划学习”的目标是让每个孩子找到“擅长的学习方式”，能够独立制订和完成最适合自己的学习计划。

第二个是“擅长的学习领域”。拥有“是自己学过且擅长的领域”的意识，不仅能提升孩子的自我肯定感和自我效能感，还能为他们的身份认同和职业规划打好基础。为此，我们必须把学习内容的决定权交给每一个孩子，并提供充足的时间和丰富的学习机会，让他们可以毫无顾忌地尽情尝试。而“自由学习”项目正是为了达成这种学习模式而创建的。

话说回来，这种实践活动其实自古就有，日本早在大正时代（1912 ~ 1926年）就已经做过类似的尝试。而现在，任何一所学校都可以利用“个人综合”时间，也就是由每个人自由设定探索课题的综合性学习时间进行实践。近年来空前活跃的高中探索学习大多也属于这一范畴。

为了获得学校内部的一致同意，我们还制作了“自由学习项目概要”（见资料8）。接下来，就让我们一起来看看概要的大致内容吧。

该学习活动的目标是“学生能够从自己的兴趣出发，自主决定学习内

资料8　自由学习项目概要

自由学习项目概要

1.目标

・学生能够从自己的兴趣出发，自主决定学习内容、学习方式和学习计划。
・在实践中体会学习的乐趣，从中获得完成感和成就感，并找到自己的“擅长之处”。

2.自由学习项目概要

为了培养学习指导要领所要求的素质和能力，我们决定从“自适应学习”与“合作学习”的角度来把握学习活动的方向。“自适应学习”包括“个别化辅导”和“个性化学习”两个方面，自由学习项目更侧重于后者。孩子们打破学科界限，按照自己的兴趣自由决定学习主题，围绕学习内容、方法和场地等方面制订具体计划。（学习主题的选择基本上是自由的。像“自由进度学习的拓展”“课堂知识点的延伸”等都是可以的。）这是一种将过去握于教师手中的那些关于“学习内容”“学习方法”等的决策权归还给孩子，以孩子为主体的学习方式。

*经孩子们共同商议，大家决定今年将这些活动统称为“自由学习项目”。该活动为四年级以上学生的学习活动，学习时长为40节综合学习课时。报告会以三年级以上学生为对象举办。

3.自由学习项目的日程安排

5月		・向孩子做内容说明，让他们用日记等方式提交各自的学习主题。 ・针对学习主题给出意见或建议。
6月3日	星期四	由四、五、六年级的班主任共同举办学习主题咨询会。 消除年级之间的主题隔阂，促进思想上的沟通交流。 确认活动场所，分配负责教师。 ＊将孩子们的主题制成一览表，打印出来并随身携带。
14日	星期一	自由学习项目① 构想与计划① *在各班进行说明、制订计划
22日	星期二	自由学习项目② 实践①
30日	星期三	自由学习项目③ 实践②
7月5日	星期一	自由学习项目④ 实践③
15日	星期四	自由学习项目⑤ 实践④
21日	星期三	自由学习项目⑥ 实践⑤
暑假		个人活动
8月30日	星期一	自由学习项目⑦ 实践⑥
9月7日	星期二	自由学习项目⑧ 实践⑦
15日	星期三	自由学习项目⑨ 实践⑧
21日	星期二	自由学习项目⑩ 实践报告会（三年级以上）

*设定在第三、第四课时，连续进行两小时

4.基本思路

<决定学习主题>

・学生以日记等形式将方案提交给教师。教师根据方案内容给出自己的意见或建议。以下是制定学习主题时的几点注意事项。

①全程要亲力亲为。

②主题不能太过简单，要有学习价值。

③所需材料除了学校里有的，其他都应由自己准备。

④主题要具体，目标要明确（下划线部分很重要）：

- 制作<u>用于说明植物光合作用的</u>模型
- 制作<u>令某某甜点师满意的</u>馅饼
- 制作<u>全新的</u>环保袋
- 掌握<u>每发每中的</u>3分球投篮技巧
- 给<u>全班同学</u>演奏钢琴曲《XX》
- 制作<u>能够续航3分钟以上的</u>飞机模型

*为了让大家放心，也为了保障大家的安全，烹饪活动由孩子们在各自家中进行。不过，只要做好防疫措施，也可以在学校进行切菜等练习活动（家庭课教室的每张桌子只安排一个学生。同学之间不能共享菜刀和菜板等工具。禁止饮食）。

<学习活动的开展>

・一到自由项目学习时间，孩子们便会带上各自的计划和需要的工具前往指定场地，然后按照计划开展活动。虽然活动内容基本上是由学生自行计划，但是为了让学习质量得到进一步的提高，教师需要根据每个孩子的学习内容和学习时间给出适当的建议或帮助，这样就能够让孩子在努力的过程中不断进行自我调整。另外，不要让孩子们只满足于眼前的一点小成绩，而是应该引导他们朝着目标勇往直前，从而获得达成目标的成就感。

*学校有些场地非常受学生欢迎，常常是人满为患，比如钢琴室或体育馆等。因此，我们可以把各场地使用人数的数据事先交给六年级项目组，让孩子们去思考应对措施。

<学习活动回顾>

・在活动的最后，要设定10分钟左右的回顾时间。通过回顾来确认活动带来的成就感，并且还要对自己接下来的学习计划做出调整。通过加强计划的可行性来提高自己的计划能力。回顾卡则由孩子们各自带回教室，然后由班主任回收并做出批改。

<人员安排>

・由于孩子们会在不同场地展开各式各样的学习活动，所以四年级以上的班主任都会被分配一些额外的任务（根据需要）——让他们每人负责一个场地的教学工作。

・教师应该一边注意孩子的举动，一边专心研究自己的课题。因为教师专心投入的身影会对孩子们起到正面榜样的作用。

容、学习方式和学习计划”和“在实践中体会学习的乐趣，从中获得完成感和成就感，并找到自己的‘擅长之处’”。

为了实现这一目标，我们主张让“孩子们打破学科界限，按照自己的兴趣自由决定学习主题，围绕学习内容、方式和场地等方面制订具体计划”，并且以孩子为主体，将一直由教师掌握的关于“学习内容”“学习方法”等的决策权归还给孩子。

从实施机制上来说，该活动面向的是四年级以上的学生，属于综合学习课程，每年共计40课时，也就是一学期20课时，一年实施两次。每次活动时间共计两小时，第一学期中间有暑假，第二学期中间有寒假，也就相当于平均每半学期为10次（资料8是第一学期）。每个学期最后一节课都是实践报告会，三年级学生也会参加，大家互相介绍各自的活动内容，并进行互动交流。

至于学习主题，首先要让孩子们以日记等形式上交自己的提案，然后与班主任共同商议决定。此时，教师一定要和孩子们就以下四点达成共识：①全程要亲力亲为；②主题不能太过简单，要有学习价值；③所需材料除了学校里有的，其他都应该由自己准备；④要具体设定主题，明确目标。另外还应明确指出可以开展“课堂知识点的延伸学习”，以及通过“个人计划学习”进行拓展学习。

活动原则上是按个人计划进行的，不过概要里有这么一句备注：“为了让学习质量得到进一步的提高，教师需要根据每个孩子的学习内容和学习时间给出适当的建议或帮助。”此外，在活动结束后还要进行回顾，“对接下来的学习计划做出调整”。

而让我觉得最有意思的还是概要的最后那句话：“教师应该一边注意孩子的举动，一边专心研究自己的课题。因为教师专心投入的身影会对孩子们起到正面榜样的作用。”长野县等地就经常用“第四十一位探究者”这个词来形容理想的教师。这个词实在是太贴切了。

创造并拓展自己世界的学习

下面就让我们来看看具体的例子吧。图1.16是体育馆内的情形。照片最里面是投篮练习区，外面是垫子运动区。各个区都配有专门的负责教师，他在进行安全管理的同时，会根据情况来提供建议或帮助，但一定要注意的一点是“不能过度干涉”。

图1.16　体育馆内开展“自由学习”项目时的情形

最前面这个孩子的课题是要学会后空翻，她会先用平板电脑查好整个学习的流程，拍照这天是从侧翻这个基础动作开始练习的。平板电脑还可以用来拍摄记录自己的动作，以便事后进行回顾。图1.17是一群正在努力练习滑板的孩子。虽然他们每个人都有各自不同的课题，并且年级也各不相同，但是这群志同道合的朋友却会自发地互相支持。

图1.17 挑战滑板

图1.18是跳舞时的情形，从活动性质来看，应该是在练习双人舞。她们也会用平板电脑拍下跳舞的过程，然后通过回顾找出自己的问题所在（见图1.19）。

图1.20是教室里的情形。大家虽然同在一个空间里，但却做着完全不同的事情，有的人在刺绣，有的人在做口罩盒，有的人在学习急救，有的人在练习投篮，等等。虽说是投篮练习，但并不需要马上去体育馆，而应该先做好调查，弄清楚自己的问题再投入训练。这里也充分体现了“自由学习”项目的特质，即立足长远，专心投入。

图1.18　练习双人舞

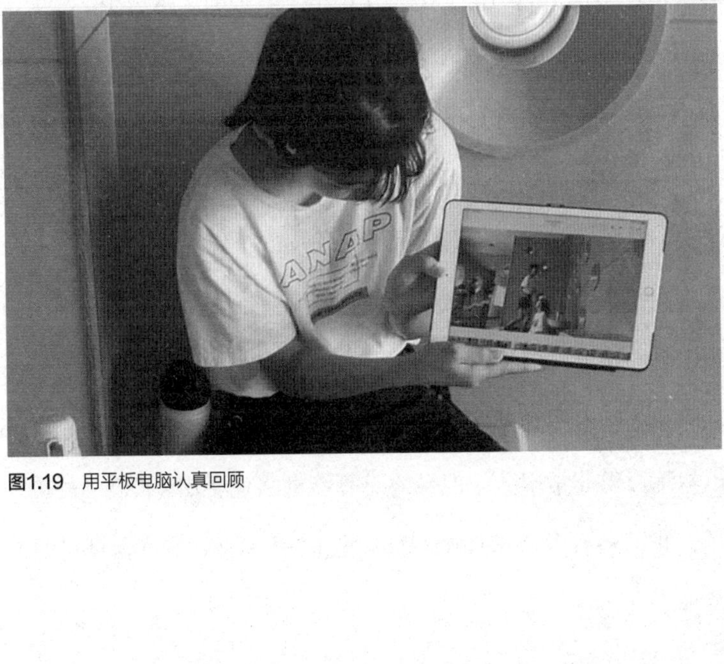

图1.19　用平板电脑认真回顾

图1.20　坐在教室的座位上专心研究各自的课题

最前面的那个孩子正在全神贯注地刺绣，整个过程都是她通过平板电脑独立完成的。图1.21是绪川小学30多年前拍摄的同一活动的情形，不过当时像这样的手工活动是一定会安排指导教师的。绪川小学当时就是请了当地的志愿者来教。一直以来，对于活动内容涉及诸多领域的“个人综合”课程，教师应该如何安排是一个特别棘手的问题，不过，自从给每个人配备了一台电脑后，情况有了很大的改变。因为对于天童中部小学的孩子们来说，电脑已经成为他们每天都要使用的一件普通“文具”。

还有很多造型活动，图1.22是孩子们先给蛋壳涂上颜色，然后再在上面细致作画的情形。图1.23里的孩子正在用一次性筷子搭建城堡。

而将乐器演奏作为课题的孩子也有很多，图1.24里的孩子正在练习古筝。虽然练习得非常辛苦，但最终总算能勉强弹奏出《樱花》的旋律。说到音乐，我们还有专心谱曲的孩子。他们用平板电脑将音符进行复杂叠

图1.21　30多年前的“个人综合”时间

图1.22　蛋壳艺术

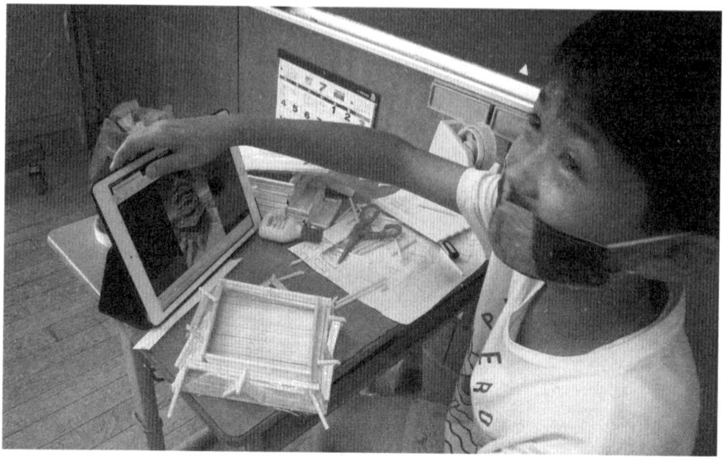

图1.23　用一次性筷子做城堡

图1.24　挑战弹古筝

加，创造出了自己独一无二的旋律（见图1.25）。

图1.25　用平板电脑进行音乐创作

另外，进行科目拓展学习的孩子也占了相当大的比例。图1.26就是孩子们自制实验装置，通过改变外部条件来探究蔬菜发芽时的情形。

图1.27是孩子独自在榻榻米房间里玩百人一首纸牌①的情形。

正如上面介绍的一样，孩子们是绝对不会觉得学科学习无聊的。不过，他们每个人感兴趣的点、想要深入学习的内容又存在着非常大的个体差异。课堂上的孩子们心里总是会涌出各种问题或兴趣："为什么？""真的吗？""想要更深入地了解"，可课堂教学的节奏是由教师来把控的，没等孩子们回过神来，教师早已进入到了下一个话题。于是很多难得孩子会有疑问或感兴趣的点便会中断。而"自由学习"项目这种教学活动却能保

① 《百人一首》是日本广为流传的和歌诗集，后被制成一种纸牌游戏，在民间颇受欢迎。——编者注

图1.26　用自制实验装置探究蔬菜发芽的条件

障学习的多样性，让更多的孩子最终认识到学科的本质。

图1.27　在榻榻米房间玩百人一首纸牌

此外还有许多颇具个性的课题，比如“制作英语绘本”“了解医生的工作，掌握心肺复苏法”“调查世界名言的意思，做一本独一无二的名言录”“找自己想去的高中”等，这也充分反映出了孩子们的兴趣有多么的广泛。

正如概要所述，教师们也有各自要研究的课题。图1.28是教师正在用胶带纸再现梵高画作时的情形。这样

图1.28　教师也在挑战各自的项目

一来，教师便能很好地理解专注于课题时的孩子们的心情。

与此同时，天童中部小学的教师们还意识到了一个问题：“既然‘自由学习’项目的宗旨是把一切归还给孩子，那项目策划是不是也应该以孩子们为中心进行呢？”于是，在2021年6月活动开始之初，教师们决定将实施机制等大部分与活动运营相关的工作全权交给六年级学生去处理。图1.29是六年级学生正在开班会讨论“自由学习”项目的运营时的情形。把连教师都没做过的事情交给孩子去做，这是一个相当大胆的突破，但孩子们却是积极响应，不仅是“自由学习”这个名称，还有活动场地的安排、防疫工作等难题，都是由孩子们通过讨论来决定和解决的。

而在孩子们专心投入、勇于挑战的背后，或许还隐藏着“活动是我们自己搞定的”的骄傲，以及“正因为如此才会想让这段时间过得更充实”的热情。

图1.29　六年级开班会讨论“自由学习”项目

学生的改变和成长

前面介绍了“自学与自习”“个人计划学习”“自由学习”这三种让孩子自主学习的学习方式。虽然每一种都很独特，也都展现出了孩子们各自的特点，但这些学习方式所用的课时数是绝对不算多的。“自学与自习”的实施情况因年级和班级而异，每年为100～150小时。“个人计划学习”每个学期会实施一到两次，因为基本都是两门课同时进行，且每个单元是8～10小时，所以一年就是50～80小时。不过因为一年级是从第二学期开始上，所以一年级是40小时左右。“自由学习”正如前面所述，是在四年级及以上的年级开展，一年共计40小时。

如果把这些时间加在一起，那么一年级学生自主学习的时间是140～160小时，二年级和三年级是150～200小时，四年级以上是

190～270小时。占各年级总课时的16%～27%，由此可知，无教师的课堂教学的确按照一定频率定期开展。

当然，天童中部小学的“师生合作教学”占据了剩下的80%的课时，即通常意义上的由教师主讲的课堂，不过，学校教育能做出这样的两成改变，其意义比预想的要大得多。

比如，在邀请嘉宾来做演讲时，孩子们的提问此起彼伏，即便时间到了，他们依然会围在嘉宾身边，热情地和对方讨论，久久不愿散去。这已经成了一种非常普遍的现象。对于孩子们来说，学习已经不再是被动接受，而变成了主动探索。

此外，按自己的意愿和能力展开自主学习的经验，不仅提升了孩子们的学习质量，改善了他们的学习态度，也慢慢改变着他们对学校生活的看法。

记得那是在第一学期线上结业典礼举办的前一天。孩子们跑来校长办公室主动请缨：“请把明天的结业典礼交给我们来做吧。”据说另一个抱着电脑的孩子还熟练地将当时和校长商量的场景记录了下来。就这样，结业典礼的筹备和运营全部由孩子们亲自完成（见图1.30）。活动结束后的收拾工作也完成得非常快（见图1.31）。

或许孩子们的学习成长来得就是这么地猝不及防。这应该就是所谓的“后天培养的能力”。这与图1.1的研究框架图中明确指出的“天童中部小学始终坚持对孩子和学习内容的深度‘理解’，以及按照孩子们的学习逻辑开展教学活动的‘觉悟’”有着很深的关系。从第二章开始，我将结合教育学和心理学的知识来思考它的意义。

图1.30 孩子们举办的线上结业典礼

图1.31 打扫收拾也全部由孩子们来完成

“儿童观”的新内涵

本章以天童中部小学的实践活动为线索，围绕个人自适应学习与合作学习的综合提升展开了思考。从学习方式上讲，“个人计划学习”和“自由学习”属于自适应学习，“自学与自习”属于合作学习。另外，这三种学习方式还有一个共同点，那就是它们全部都不是由教师站在黑板前讲课，而是根据孩子们的意愿和能力自主上课。这些或许听起来特别新颖，但正如你所看到的那样，在一个建立在“理解”和“觉悟”的基础之上，有教师支持的学习环境里，孩子们的表现是那么地自然且游刃有余。

我认为这里至少存在两个论点。一个是关于孩子的自主性，即所有孩子天生都是有能力的学习者。他们不仅有学习的欲望，也具备学习的能力。只要遇到了适合自己的环境，孩子便会自发地融入其中，并在与环境的互动作用下，不断推动和深化学习。

这种儿童观要求我们首先要信任孩子，要把更多与学习相关的决定权交给他们。最重要的是，在孩子开展自主学习的时候，无论是自适应学习还是合作学习，学校和教师都应该为他们提供一个能够让学习达到足够广度和深度的丰富的学习环境，对孩子们难以独自完成的部分要给予适当的帮助。

对儿童观的重新审视的第二个论点是孩子的多样性，也就是说，每个孩子都是不一样的，我们要教导他们去接纳自己的与众不同。我们应该重视每个孩子在学习上的个体差异，以及每个孩子特有的表现和需求，应该让他们不可替代的独特性成为他们个人学习和进步的助力。孩子学习不好，原因不在孩子，而在学校和教师。

如果秉持的是这种儿童观，那么首先要让学校成为一个能够接纳所有孩子的真实状态、备受社会尊崇的有价值的场所。而教师的主要任务则是灵活地为孩子们提供他们所需要的各种学习机会，要为确保学习的顺利进行而认真观察每一个孩子，并根据需要及时为他们提供适当的帮助。

正如你所察觉的那样，天童中部小学将“理解”和“觉悟”视为策划实践活动的基础，这与上面围绕自主性和多样性两个论点对儿童观做出重新审视是一脉相承的。虽然它们并不是完全的一对一的关系，但如果硬要说的话，多样性与“理解”、自主性与“觉悟”分别是密切相关的。

要做到“将孩子的多样性作为每个孩子不可替代的独特之处来尊敬”这一点，首先必须要设身处地地站在孩子的角度，设身处地地去了解他们的想法，但务必要记住的一点是“孩子现在的状态正是他所学内容的呈现”。从这个意义上来说，深刻“理解”孩子及其所学的内容，并在将二者进行有机结合的基础上去仔细观察孩子，这一点非常重要。而这也正是天童中部小学所提倡的“理解”。

另外，正因为天童中部小学充分相信孩子的自主性、学习欲望和学习能力，所以学校的众多改革都是以让所有课堂教学皆遵循孩子的学习情况为目标，而不是一味地让孩子们在教师铺设的轨道上按部就班地学习。“相信孩子”这句话说起来简单，但要付诸日常行动，甚至改变课程设置，就必须有非同寻常的“觉悟”。

在夏日的天空下奔跑（“自由学习”项目）。

第二章

每个学生
都是天生的学习者

学生会主动寻找教材与自我的联系

孩子想学习是特殊事件吗

在第一章中，我们围绕自主性和多样性这两个论点对儿童观做出了重新审视。而在本章中，我们不仅会对自主性做出重新审视，还将对“所有孩子都是天生有能力的学习者”这一命题的真正含义及其实际意义做进一步的思考。

可以说，天童中部小学的孩子们轻松自在地投入学习这一事实便是孩子有学习的欲望并具备学习能力的最好证明。孩子们在自主开展合作学习的“自学与自习”，以自己的方式深化整个单元学习的“个人计划学习”，还有包括学习内容在内全权由自己构想、计划并实行的“自由学习”中的所有表现，全都可以证明所有孩子都是有能力的学习者。

可即便如此，还是会有对此持怀疑态度的人。有些人认为“之所以能取得这么好的效果，是因为天童中部小学所进行的实践是与众不同的”。人们常常会把“因为那所学校特殊”“因为那里的孩子优秀”这样的话拿来当说辞。老实说，我的耳朵都已经听出茧子来了。真没想到原来大家是这么地不相信孩子！对孩子是如此地不抱期望！在这一章里，我将通过非常普通的课堂和孩子上课时的表现来思考和回应大家的质疑。

带着兴趣去学习

一年级语文课本里有一篇名为《狸猫的自行车》的课文，里面讲的是“一只小狸猫为了不让尾巴卷进车轮里，一边叼着自己的尾巴，一边骑自行车”这么一个有趣又可爱的故事。

今天是孩子们第一次听这个故事。读了几遍后，教师问：“大家有不懂的词吗？”一个孩子说：“‘车轮’这个词我不认识。”于是，班里的同学就会用课文里的插图来给他解释。

就在这时，有个女孩突然开口了：“那个是‘轮胎’，不是‘车轮’。”对于这种预料之外的“课堂小插曲”，教师一般会这样解释：“黑色的部分叫‘轮胎’，包括‘轮胎’在内的整个部分应该叫‘车轮’。”可女孩却并不接受这个说法：“不是的，‘轮胎’旁边那个小的才是‘车轮’！”

听她这么一说我就明白了，原来女孩说的是辅助轮。“原来如此，那个的确是‘车轮’，不过这个插图里好像没有你说的那个侧面的小‘车轮’呢！”

课文中的插图的确是没有辅助轮的。但女孩却特别自信地说：“图上虽然没有，但真正的自行车是有的。应该是画画的人忘了画上去了！哎，真是的！”

“这个孩子可真是天马行空！”教师一边这么想着，一边追问道：“为什么你一口咬定即使图上没有，但真正的自行车却是有小‘车轮’的呢？”“课本上不是写着‘狸猫的孩子终于实现了长久以来的梦想，买了一辆红色的自行车’吗？小孩子买的第一辆自行车可都是有‘车轮’的哦！”

接着，她满脸笑容，继续自豪地说道：“不过，我的自行车现在已经没有‘车轮’了。”原来这个孩子在读故事的时候早已将自己的经验代入进了故事当中。想必她当时的心情一定是非常复杂的，里面会有刚买回那辆崭新的带辅助轮的自行车时的兴奋，以及通过每天的刻苦练习终于学会自行车时的喜悦，还有很多次摔下自行车时的疼痛，虽然她不会像小狸猫那样为了不让尾巴卷进车轮而叼住尾巴。另外，一定还会有不再需要辅助轮时的高兴和自豪。我想当她回忆起自己的种种过往时，一定会情不自禁地为文中努力学车的小狸猫鼓劲加油。

从这个发生在一年级第一学期的例子我们可以看出，孩子们对任何教材都会充满好奇，并且都会通过与自己建立联系的方式来进行深入学习。

所谓的“带着兴趣”，指的是将根植于每个人生活或兴趣里具体且特别的个人知识和经验带入课堂，也就是心理学上所说的非正式知识。而在从小学就开始的课堂上，大多都是以获取抽象且普遍的正式知识为主，并且似乎还存在着这样一种普遍认知——“如果课堂上每个孩子都拘泥于自己具体且特殊的个人知识和经验的话，就很难获得正式知识”。

而完全以在游戏和日常生活中产生的“无意识学习”为中心的幼儿教

育重视的则是每个孩子具体且特别的个人知识和经验，并且会以此为基础，不断学习新的内容。这就是幼儿教育和小学教育最大的不同，也是所谓的幼小差异的本质所在。

事实上，虽然我们在“导入”阶段会让孩子们尽情地讲述自己的经验，但当课程进入到“展开”阶段时，大多数教师则会给出这样的回应：“哦，你的自行车是蓝色的。好了，大家说了这么多，这个话题就到此结束吧。接下来就让我们把精力集中在小狸猫身上吧。”

但是那样做其实是错误的。女孩正是因为被内容吸引，所以才会说出“实现了长久以来的心愿”这样的话，也正是因为如此，她的脑海中才会浮现出小狸猫骑自行车的情景。虽然自行车的款式与没有辅助轮的插图有所不同，但从前面的描述我们可以了解到女孩是将小狸猫的情况解读为“是收到父母买给自己的第一辆自行车”，并对此产生了共情。当然，这也正是语文课所要培养的学习能力。

孩子本来就会被吸引过来，换句话说就是他们会试图调动所有非正式知识和经验去验证教科书里的内容。这样做不仅不会影响到学习，反而有可能成为孩子靠近学科本质的可靠据点。

拓展学习的教学调整

接下来就让我们重新回到课堂。教师在明白女孩的想法后，打消了就此结束话题的想法，接着说道：“好吧。那就给大家留一道家庭作业。

请在回家之后，问问家里人自行车各个部位的名称。等到下次上语文课的时候，老师会在黑板上贴一张放大版的自行车图，不光是自行车的‘车轮’，其他部位的名称我们也一起来学习学习。”

我不禁暗自高兴起来：“这不就是所谓的灵活进行教学调整嘛！”

想必孩子们也会去查方向盘[①]、刹车、脚踏板吧。因为这些词都是外来语，所以都会用片假名来表示。虽然片假名是之后才会教的内容，但是没关系。对于这些自主学习的内容，孩子们总会有办法的。

当然，第二天上课的时候，教师最好是对“方向盘”这些词装出一副不懂的样子。

“咦？这是方向盘吗？老师的车上也有方向盘，不过那个可是圆的呢。”

“老师，虽然形状不一样，但方向盘还是方向盘。”

“是吗？可是刹车也不一样呢。老师车上的刹车是用脚踩的。”

“所以才说形状不一样也没关系嘛。方向盘是转换方向时用的，刹车是停车时用的，只要功能一样，就算形状不同，也是同一个东西。”

“是吗！原来就算形状不一样，但只要是用来转向的就是方向盘，只要是用来停车的就叫刹车！决定物品名称的不仅仅是形状，还有功能和作用。”

对结构和功能进行说明是一年级语文课学习说明文的核心内容。在

① 日语中的自行车把手与汽车方向盘为同一词。——编者注

这里，教师不过是提前预习了一下而已。

此外，之前争论不休的“车轮”其实是由轮胎和车轱辘组成的。这正是一个学习词语和概念之间存在的集合关系和层级关系的绝佳机会。并且，一张大幅自行车图对学好这部分的知识会起到很大的帮助。

虽然这些与《狸猫的自行车》的阅读理解没什么关系，但却是特别值得在一年级的语文课上学习的内容。希望孩子可以通过这种对学习的认真和执着，进一步去深化和拓展学习。为此，教师千万不要拘泥于事先计划好的教学内容，要大胆地去创造更为丰富的学习内容。

现在是做什么的时间

这是一件发生在一年级数学课上的事。教师在黑板上写了这样一个问题：“一共有12张折纸，用了9张，还剩几张？”

此时，除了坐在讲台正前方的那个孩子，其他人都在默默地抄写着题目。

说到那个孩子，他上课一直都是一副心不在焉的样子，可就在黑板上出现“折纸”二字的瞬间，他的眼神突然就亮了起来。他认真地盯着黑板看了好几秒，时间仿佛静止了一样，接着他把手伸到课桌里面摸索了一阵，最后竟然从中翻出了一张折纸来。

正当写完板书的教师回过头来的时候，那个等候已久的孩子立即探起身子，努力地将拿着折纸的右手伸向教师，满脸笑容地说：“老师，折纸！”

在折纸就要抵到胸前的瞬间，教师稍稍往后退了半步，但马上又小声呵斥道：“现在是做什么的时间？”

此时的孩子早已呆立在一旁，时间仿佛又静止了一样，教师从他伸出的右手接过折纸，继续说道：“这个和今天的上课内容应该没什么关系吧？那老师就先帮你保管着。”那个失去了手中唯一的学习动力的孩子再度陷入了迷茫，毫无疑问，那45分钟对他来说是白白浪费了的。

想必那张折纸应该是生活课或图画制作课的材料吧。对孩子来说，从课桌里拿出的那张折纸是一个存在于现实生活中的有意义的实物，而教师却非要说它和数学题中的折纸“没有关系”，因此，孩子好不容易才燃起的学习热情就这样一下子被彻底扑灭了。

对于教师而言，题目中的折纸不过是一个与实物毫无关联的抽象概念罢了。它是红是蓝或是其他颜色都无所谓，教师甚至还会认为，折纸的出现会勾起孩子学会折千纸鹤时的回忆，而这种兴奋的情绪也会影响他们的课堂学习。其实这里不一定非得是折纸，换成香蕉、椅子或其他任何东西都是可以的。

重点是要带出12和9这两个用来进行减法运算的数字组合以及“差”这个概念。“折纸”的唯一用途不过是为答案提供“张”这个计量单位而已。也正因为如此，教师才会说出“这个和今天的上课内容应该没什么关系”这样的话。但是，如果不改变教师的思路，那么像这种每个班级里都可能存在的孩子就会永远都学不好。

那么，面对这样的情况，教师应该怎么做才好呢？就让我们把时间拨回到孩子递出折纸的那一刻，一起来思考我们是否还有其他选择吧！“啊，折纸啊。也是，这个题目问的就是折纸！你那里有几张？8张？那和教师的加起来，一共是12张。我们来看一下黑板，题目说的是用掉9张。你想折什么？千纸鹤吗？好，你折吧。一共9张，现在还剩8张。我想再找8位同学来折，有没有想试试的？好的，好的，正好8个人，这样一共就有9个人了。大家想折什么就折什么吧。吉田和田中折了飞机，要不要去走廊飞一下试试？铃木是在折东西南北吗？这个动起来真好玩。大家看啊，现在一共用掉了9张折纸。那么，请问我们还剩几张呢？”

听到这里，你一定会满脸疑惑：“难道真的要折吗？”原本你是不是只是打算在拿出12张折纸后，一边对孩子们说着“好，我现在用了9张”，一边从里面抽出9张放到讲台上？虽然我能理解你的想法，可是那样做并不等于真的把折纸用掉了。并且，这种做做样子的消极态度和想法，反倒会扼杀掉孩子学习的积极性和可能性。

因此，如果像事例中的孩子一样被问到“现在是做什么的时间？”，我希望孩子们可以斩钉截铁地说：“现在是折纸时间！”并且我也会跑去走廊，和孩子们一起兴致勃勃地玩纸飞机。

孩子独有的想要学习的样子

孩子都是想要学习的。虽然可能未必是教师所期待和设想的样子或方式，但他们一定会努力从教师给出的教材和内容中找到与自己建立起联系的角度，并找出适合自己的学习方式，而教师的任务则是仔细观察孩子与教材内容建立联系的角度、学习方式，并根据每个孩子特定的角度和方式给出必要的帮助。

教材研究得越多，教师越倾向于锁定某个特定的角度、某种特定的学习方式，认为这才是对孩子最好的。虽然对绝大多数的孩子来说的确是这样，但还有一些孩子却未必能理解这个角度，也未必适合这种方式。反倒是那些看起来十分离谱或险峻无比的“弯路”，可能更适合这些孩子，或者说他们只有通过这种方式才能学好。更重要的是，这些孩子现在正想着绕“弯路”学习。如果是这样的话，我们首先要做的就是给他们充分的支持。因为从长远来看，很多时候“弯路”往往会更有效率。

我想你应该已经注意到了，这个话题已经涉及了儿童观的另一个论点——多样性。从理论上来讲，自主性和多样性是可以分开考虑的，这也方便我们对讨论的内容进行整理。不过，在具体的实践过程中，二者却是密切相关、不可分割的。我在前面之所以说孩子都是想要学习的，是因为每个孩子在课堂上呈现出来的状态的确就是这样，他们表现出了自己特有的、独具个性的学习态度。教师只要通过这些表现，根据孩子的实际情况，去观察和思考表现背后的意义，然后站在孩子的立场，适时地给予他们必要的帮助就可以了。

学生开展自主学习的关键

问题出在教材上

就算孩子想学习，可他们真的有学习的能力吗？很多人认为："只要存在这种担心，孩子就必须由教师来教。"

毋庸置疑，只要是学校布置的复习任务或练习作业，孩子是可以独自完成的。问题就出在大家是否能够自主学习新的内容，特别是需要思考和理解，以及建立在思考和理解基础上的概念学习？正因为教师意识到了它的难度，所以才会在出差或外出上研究课时，给孩子们发大量用于复习或练习的资料。

这种情况在因新冠疫情的持续蔓延，日本进入统一停课模式的2020年3月后的那段时期里变得更为常见。为了让孩子能够居家学习，学校给大家准备了自制的教材。不过，刚开始基本上都是以复习上一年的课程内容和做练习题为主。然而，在停课趋于常态化的情况下，学校不得不开始研究新的内容。尽管资料都是学校精心编写的，但学不好的孩子却越来越多。

"所以说，如果是练习题之类的教材，孩子们是可以独自完成的。但如果换成让他们读完课文或资料后进行思考，让他们花心思去调查和总结，甚至让他们写自己的想法或意见，那做不好的孩子就会层出不穷。问其原因，他们会告诉你，他们想去做，却不知该如何下手。由此可见，光靠孩子是无法对从未学过的内容进行思考并深入理解的，这应该就是孩子学习能力的极限。”这是不少教师对停课期间的学习的意见。然而，很多问题并不是孩子学习能力不足导致的，而是源自教师编写的教材。比如，在“个人计划学习”这种由孩子自主学习的学习实践中，除了一般的教材，我们还会准备学习指南和指导手册。有了这些资料，孩子们就能事先对单元学习做出一个整体、明确的判断，了解该单元的学习目的和学习内容，大致需要的学习时间，该单元与已学内容和日常生活的关联性，在单元结束时应该达到的程度，以及为此要以什么样的顺序和相互关系来开展学习，等等。

有几所学校曾就停课期间的教材问题向我征求过意见，在看过他们自制的教材后，我发现里面大多都缺少学习指南或指导手册这部分内容。其中，还有一些原本打算用来作为单元学习的内容，即对孩子来说是有关联的“学习内容”，现在却是以零散资料的形式发给大家，这使得大家很难去把握资料之间的关联，以及整个学习的流程。

这样一来，即使孩子们明白每张纸上的问题和要求，却搞不懂“为什么要在这里回答这个问题？”“这个作业在整个单元学习中到底具有怎样的意义？”，无论孩子们的学习热情有多高，他们依然会无所适从。而之所以会这样，并不是因为他们的学习能力不够，而是由于教材存在严重的缺陷。

“只见树木不见森林”的现象

学习和思考总是会在具体的上下文中产生。就算别人让你“思考一下这个问题”或者“做一下那项任务”，如果不清楚这个问题或任务的上下文，那就无法得出自己的思考，无法进行深入的学习。为了让大家感受一下什么叫把握上下文，请阅读下面这篇短文：

“操作很简单。首先将它们分成几堆。量少的话，不分也没关系。如果机器就在身边，无须去别的地方，那么准备工作就完成了。切记不要画蛇添足。否则，就算短时间内没有影响，最终还是会为此付出很大的代价。一开始，整个流程可能会让人觉得很复杂，可很快它便会成为生活的一部分。不知在不久的将来，这项工作会不会消失。这个没有人会知道。操作结束后，它们会被分门别类地整理好。最终，它们会再次被拿出，重复之前的整个流程。但是，这就是生活的一部分。”

这篇文章无论是语法还是词汇都毫无难度可言。可为什么我们会读不懂文章在讲什么？虽然每句话的意思我们都能看明白，但却弄不懂句子和句子之间的关系，以及整篇文章想要表达的事情。是的，真的是完全看不懂。这就是没能把握好上下文的一种表现。在不了解上下文的情况下，那些零散的信息几乎是没有任何意义的。

这和在日本统一停课期间，把一沓零散且让人难以把握相互关系和学习流程的打印资料，作为用于居家自学的资料交给单元学习意识不强的孩子的情况真是如出一辙。所以，虽然孩子们想努力去学，但是却并不知道该如何去做。这样一来，也就不可能产生自己的思考和理解，也无法开展在此基础上的概念习得等质的学习。

同样的事情在平时的课堂上也会经常发生。作为教师，我们一定要明白，很多课堂上注意力不集中或爱搞小动作的孩子，他们每一天、每一个小时都是处在这种“只见树木不见森林”的状态之中的。

接下来，我们就来看看这篇文章到底在讲什么吧。如果我告诉你这篇文章的题目是《洗衣服》，那么一切是不是就豁然开朗了？原来“分成几堆”指的是“要洗的衣服”，“机器”指的是“洗衣机”。虽然文章中并没有提到这些信息，但只要知道上下文讲的是“洗衣服”，自然就会做出这样的理解。也就是说，人在读文章或听故事时，会事先对内容做出预设，然后再去确认那些不断获得的信息是否能融入自己的预设当中，也就是说，人会事先做出预测，并在反复推理和验证的过程中，构建起对文章整体内容的理解。

如果此时做了错误的预设，或者联想不到任何情况，那么自然也就不可能对文章做出正确的理解。比如，如果前面那篇文章的标题是“鲜果汁”，那么“几堆”指的就是“水果堆”，“机器”也就变成了“榨汁机”或“搅拌机”。因为这篇文章给出的信息比较模糊，所以会很容易产生这种误读。如果教师能在课堂上给出明确的指示或说明，便能一定程度地减少理解上的分歧。并且，课堂本来就是一个认识新事物、教授新知识的地方，孩子们没能准确掌握好情况也是理所当然。所以说，简明扼要地提供上下文信息对学习和思考来说至关重要。

信息公开与孩子的学习能力

孩子们之所以能够自主开展“个人计划学习”，是因为学习指南和指导手册等资料已经为他们自主开展单元学习提供了所需的上下文信息。

信息的完全公开是孩子们制订最适合自己且富有创意的学习计划的关键。只有被明确告知了“应该以怎样的方式去学习什么内容”“有哪些选择”，孩子们才会涌现出“如果这样的话，那我想这样做”“要是那样的话，那这一次我就尝试一下这个吧”等各种想法。

只有当孩子能够很自然地说出“如果这样的话”“要是那样的话”这类话，或者有说这种话的想法时，才能说明实践进展得非常顺利。

人们常说“课堂上的主角是孩子”，可是别说单元的整体构造了，就连要学多少课时这样的信息，学校一般都是不会告诉孩子的。作为主角的孩子们手里却连一个相当于剧本的教案都没有，仔细想想是不是很不可思议？特别是大家竟然会把制作学习指导手册看作是别出心裁的新点子，这更加反映出了问题的严重性。

孩子之所以没有开展，或者说没能开展自主学习，其实就是因为没有从教师那里共享到这些基本信息。那感觉就像是踏上了一场没有被告知目的地和返程时间的神秘之旅。在那种情况下，什么“自主学习”“自主发挥”，简直都是无稽之谈。

因此，在进入新单元学习之前，教师首先应该带着孩子们将教科书里的单元内容从头到尾预览一遍，并且要明确地把将要学习的内容，为此要开展的教学活动，最后要达到的学习效果，以及标准课时等信息告知大家。于是，孩子们自然就会踊跃地提出各种各样的意见。

孩子自制的教学课程

如果有一天，孩子们可以自行制订单元学习计划并向教师提出自己的方案，那就太好了。如果他们能够自行制定一整年的教学课程，那就表示孩子们的学习能力真的已经培养起来了。

也许你会觉得这根本就是不可能的事，但其实不然。比如，奈良女子大学附属小学数学课的每个单元的学习都是由几名学习委员带着班里同学自主进行的。学习委员会在第一节课上公布对单元学习计划的构想，包括所对应的教科书范围、标准课时、学习方式等内容。然后，孩子们会一边对照着教科书，一边提出类似“一个小时内要学习这么多内容恐怕有点困难”“把这个问题也一起做了吧，它们在内容上是有关联性的”这样的意见。而学习委员则会根据大家的意见，对计划做出修改调整。

另外，在三年级第三学期，在第六章提出了实践活动方案的山形市立铃川小学的佐藤卓生教师带着孩子们一起回顾了理科一整年的学习内容，并让大家在课堂上围绕“怎样做才能让学习更快乐、更容易”这个课题，重新制定了教学课程。

而孩子们也提出很多非常有说服力的方案，像“制定晴天用和雨天用两套教学课程”“结合其他学科一起学习，比如先学数学里的质量和柱状图，这对记录植物生长和果实状态有用”等。并且他们还提出了非常有建设性的建议:“科学的学习方法主要有观察型和假设验证型这两种，可是从三年级开始，教科书里一直都只提到了观察型这一种。科学这门课是从三年级才开始的，如果一开始就把这两种方法都教给大家，那么究竟是应该先假设再验证，还是应该进行观察？孩子们就能自行做出判断，基于以上考虑，我们创建了假设验证型和观察型交替学习的教学课程。”

“将学习指导要领和日本文部科学省的解说等重要资料全部交给孩子”，这种信息的完全公开是这项实践活动最大的特点，孩子们也很好地将这些信息派上了用场。可以说，这项活动不仅让我们见识到了孩子学习能力的强韧和灵活，也让我们认识到了信息公开的重要性。

也许你会质疑：“真的需要把这些信息全部交出去吗？”是的，只要孩子们需要，无论什么信息都要提供，或者我们也可以主动问他们：“我这里有一些这样的资料，你们需要吗？”请大家务必记住一点：“千万不要小看他们，也不要把他们当孩子看。”倘若孩子们对教师形成了“教师藏了一手”的印象，就算教师不是有意为之，他们也会因此失去对教师的信任。其实这里面存在一个最根本的问题，那就是教师是否信任孩子，是否对孩子抱有期待。

在前面的实践活动中，教师会教大家“观察型”“假设验证型”这些词，当然，教师也是在观察到孩子们对这些词早有察觉和了解，并有意对其进行深入思考的基础上，才会去教这些标签的。也正因为如此，孩子们才不至于像大人所担心的“教这么难的词他们能学会吗？”那样，而是完全可以学以致用。

这么想来，一年级学生凭借一本简明扼要的学习指导手册便可以自主开展“个人计划学习”，这真是再平常不过的事情了。就像一个五岁的孩子在去幼儿园之前会事先想好今天的自由时间要和谁去哪里、玩什么，并且还会为此特意从家里带工具和材料过去一样。虽然他们对内容的设想，以及为此所做的准备，对流程的考量，对结果的预测并不会像大人以为的那么严谨和周到。

孩子是想要学习且具备学习能力的，这将成为一切课堂教学的出发点。

暑期将至，大家会在需要的时候聚在一起，和教师一起学习（“个人计划学习”项目）。

第三章

每个学生
都是独一无二的

每个学生的学习适应性不同

“还没做完的也请把铅笔放下”

对儿童观的重新审视中的第二个论点是有关多样性的。

每个孩子各不相同，这是一个不争的事实。可是，当我们重新去斟酌这句话的意思时，会发现原本熟悉的课堂竟然变成了截然不同的风景。

比方说，课堂上既有行动特别迅速的孩子，也有做事慢吞吞的孩子。速度快不代表就好，动作慢也不见得就差。动作慢的孩子可能会想得比较深入，做事会比较细致；而速度快的孩子则可能做事粗枝大叶，因仓促做出错误判断而屡屡失败。快慢本身并没有好坏之分，我们也不应该给它们做出好坏的评断。

然而，从目前的情况来看，速度快的孩子是有着绝对优势的。这是因为，“统一教学”，顾名思义就是让所有人以统一的步调进行学习。配合“中等偏后”的同学实施教学是学校一贯以来的做法。就像“偏后”这个词所暗示的一样，这是对学习能力的假设，可实际情况却是有学习能力但学习速度慢的孩子根本跟不上这个节奏。教师安排大家做5分钟的题，5

分钟一到，就算还没做完，教师也会要求大家把笔停下来。

学习和思考并不是简单的机械作业，即使付出了一定时间的努力，也未必能得到与之成正比的结果。假设对于一个被要求在5分钟内作答的题目，有个孩子需要7分钟才能想到答案。那么对这个孩子来说，在5分钟刚过的这个时间点上，他应该正好是处于终于找到解题思路，知道自己后面应该如何去做的状态，就好像在黑暗中看到了光明一样。但是，如果此时必须听从教师的要求，就此放下铅笔，那么很遗憾，这个孩子好不容易才找到的思路就这样戛然而止了。

这不仅浪费了孩子们的努力，而且这种前功尽弃的状态也无法为之后的讨论提供任何有价值的信息。正当孩子握紧手中的铅笔，看着眼前的笔记本想要再多思考一下时，教师尖锐的制止声飞了过来。

“现在是讨论时间，请大家放下铅笔，抬起头来”，这句话的意思孩子们都懂。但是，要想从讨论中有所收获，就必须带着自己的想法参与其中。正因为如此，孩子们才会想要再好好想想，结果却遭到了教师的制止。讨论中最活跃的当然还是那些能在5分钟内理清思路的孩子。他们的优秀毋庸置疑，但是还有一点可以肯定的是，能在规定时间内完成任务的他们一定也是速度非常快的孩子。而那些因速度稍慢而失去在讨论中表现自己机会的孩子也许也很优秀。只要给他们足够的思考时间，他们也许也能在大家面前展示自己成熟的想法和敏锐的意见。然而，在统一教学的模式下，一切都得按照教师规定的统一步伐前进，于是那些“也许”终究也不过只是“也许”而已。

每个人都是独一无二的

约翰·卡罗尔于1963年最先提出，无论什么课题，只要投入足够的时间，任何人都可以完成。但他同时也指出，课堂上真实的学习情况和孩子之间的个体差异，完全取决于每个孩子实际花费的学习时间是否足以满足其所需要的学习时间。

按照卡罗尔的观点，积极参与讨论的孩子与不积极的孩子之间的区别并不在于孩子优秀与否，而在于各自的学习节奏和学习所需的时间。更何况，不仅时间的设定权掌握在教师手里，而且他们对学生的快慢评断也极其随意。可这样的做法有多合理？又是否妥善？我表示非常怀疑。

不过，就算是没能在规定时间内完成的慢孩子，也是完全可以在讨论过程中通过听取同学的想法和意见，获得与“缺少的那两分钟思考”相当的理解和认识的。于是，在一堂课结束的时候，他们应该也能获得与快孩子大致相同的理解和知识。不少人认为这就是统一教学的意义，他们主张“与同伴一起学习能够让大家得到进步和成长”。另外，教师也为了让孩子们更好地参与其中而煞费苦心。

但是，这里还有一个问题。那就是虽然慢孩子和快孩子的确一起跑到了终点，可就像接力赛里的反复提前起跑，虽然最终都能跑到终点，但当事人不见得会开心。

即便这样，能够勉强到达终点已经算好的了。比这更严重的是，那些慢孩子明明具备只要有7分钟就能完成的能力，却像比喻里的提前起跑一样，总是不得不停下手头的事情，被迫参与到下一个活动中去，以至于最终很可能无法顺利完成这堂课的学习。如果在短短一个小时内进行好几次“提前起跑”，那么毋庸置疑，这堂课的学习一定就是断断续续的。而在这种品质和状态的学习下，无论同伴如何帮助，都很难获得充分的理解和认识。这样一来，慢孩子就会成为课堂上“学得不好的孩子”，长此以往，这个孩子就真的成了一个“学习不好的孩子”“没有能力的孩子”。

反之，那些速度快的孩子则完全可以完成学习。按照目前的状况来看，快孩子就是“会了的孩子”，也就更容易成为“优秀的孩子”。可快孩子也有他们的烦恼。教师规定的时间是5分钟，但他们3分钟就做完了。于是，持续的等待会让他们中的一部分人感到不满或沮丧。由此可见，传统课堂上总是挤满了被催促的孩子和在等待的孩子。

光是孩子所需学习时间这一点，就存在这么多的问题。更何况孩子们还在方方面面上有着各种各样的不同。影响学习完成度和学习质量的个体差异被称为“学习适应能力”，它除了学习速度，还包括学习方式、认知方式、兴趣爱好、生活经验等。然而，大多数的统一教学都是按照同一个节奏、同一个思路、同一个教材、同一个目标进行的。

当然，经过前人的努力，统一教学也得到了一定程度的改善。但是，孩子们中存在的多样性往往远远超过了“一定程度”的范围。仅靠教师个人的付出和努力，原则上是很难做出充分应对的。

每个孩子都是独一无二的。我们应该接受他们的不同，让他们按照自己的方式去学习和成长，也就是说，我们应该让这样的不同成为全面保障作为基本人权的学习权、发展权的基础。至少，学校和教师必须采取充分的措施，确保“不同”不会对孩子们造成不利影响。

下面，我想分别从最佳自适应学习与合作学习的角度去思考如何进行课堂教学设计。

让学生根据自己的情况和时间安排学习

不同的学习者适合不同的学习方法

我们应该根据什么理论基础来设计以发扬每个孩子的多样性为教学基础的课堂教学呢?

从自适应学习的角度来看，最重要的不是根据教师的安排和时间来教，而是应该让每个孩子根据自己的安排和时间去学。而这一点的重要性，从之前讨论的结果“传统课堂上总是挤满了被催促的孩子和在等待的孩子”中便可以一目了然，无论是天童中部小学的“自由学习”，还是奈良女附小的“特设学习时间”，都是由孩子们根据自己的安排和时间来决定学习内容和学习方式的实践活动。而“个人计划学习”虽然规定了学习内容，但在什么时候，什么地点，和什么人，用什么样的方式这些都是由孩子们自行决定的，也就是说，我们不仅把大量有关学习方法的决策权让渡给了孩子，还创设了丰富的学习环境，切实保障他们权利的行使。

而从理论和实证上支持着这种做法的研究里存在两个主要谱系。

一个是以卡罗尔提倡的“无论是什么样的学习任务，只要花费足够的时间，任何人都可以完成”这一假设为代表，主要是从时间的角度对孩子的多样性进行量化衡量。

另一个是通过对学习方式和思考方式进行质的比较来应对孩子们的多样性，如学习方式或认知方式等。

关于第一个谱系，我在前面已经做了详细的说明。也通过列举每个人都能够按自己节奏进行学习的“个人计划学习”等学习方法，让大家对其有了更具体的了解。因此，接下来我将把讲解的重点放在第二个谱系上。“简单易懂、寓教于乐”的课堂应该是每个教师的追求。实际上，“哪种学习方法最有效”也是一个经常会被教师们谈起的话题，英语学习中关于以语法为中心和以会话为中心的争论便是其中一个典型的例子。

但是，学习方法是因人而异，且存在很大的个人差异的。适合这个孩子的方法未必就适合另一个孩子。

1957年，李·克隆巴赫提出能力倾向与教学的相互作用（Aptitude Treatment Interaction，ATI）。比如，有人曾对英语入门教学中以语法为中心和以会话为中心这两种教学方式做过研究比较。其结果显示，在不考虑个体差异的情况下，二者的效果几乎没有区别。然而，如果把言语智商的个体差异作为学习能力来考虑，那么言语智商高的孩子在以语法为中心的教学方式下学习效果更好，相反，言语智商低的孩子在以会话为中心的教学方式下学习效果更好（见图3.1）。

所谓的言语智商，是指准确且熟练地运用文字的能力，与语文学习

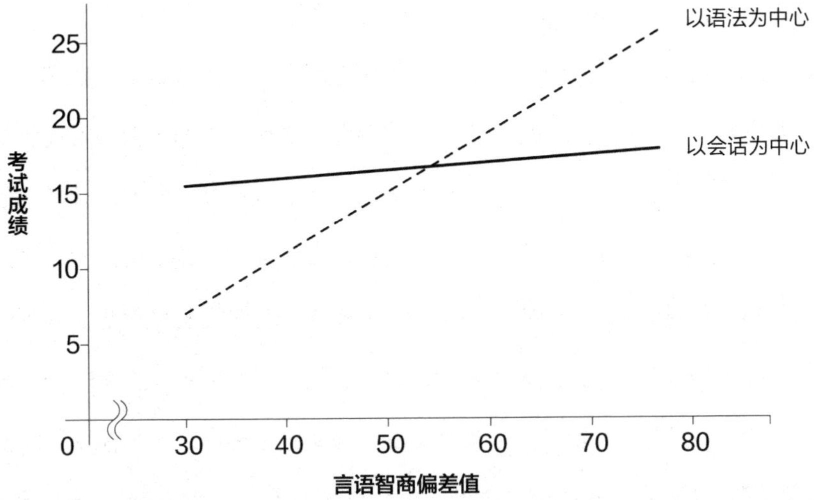

图3.1　英语教学法中的ATI

（资料来源：安藤寿康、福永信义、仓八顺子、须藤毅、中野隆司、鹿毛雅治，《英语教学法的比较研究：交际法与语法法》，收录于《教育心理学研究》第40卷，1992年，作者基于第247～256页内容制作）

能力密切相关。以前的初中英语教师总是会这样鼓励学生：“英语是从初中开始学的，所以大家都是站在同一条起跑线上。无论是谁，只要努力就能学好。”话虽如此，图3.1中以语法为中心的那条曲线却呈现出大幅往上倾斜的趋势。也就是说，如果是以语法为中心的教学方式，那么小学语文不好的孩子从一开始就已经处在了劣势。否则，在学习才刚开始几个月的第一个学期期中考试中，孩子们的成绩不会有那么大的差距。

反之，以会话为中心的那条曲线却几乎都是平的。这意味着以会话为中心的教学不太受言语智商的影响。而我们也经常会听到这样的故事，有些人在学校英语学得不好，尤其是语法，但在出国之后，迫于生活需要，他们的英语在日常的听说过程中取得了很大的进步。

那么，这是否就表示以会话为中心的教学方式更好呢？我认为也不能这样一概而论。因为在以会话为中心的教学下，言语智商高的孩子们反而无法充分发挥他们的潜能。那我们应该怎么做呢？以图中两条直线的交点为界，对言语智商高的孩子提供以语法为中心的教学，对低的孩子提供以会话为中心的教学，这样就能让所有孩子最大限度地发挥出他的潜能。

ATI不仅提供了“即使是成绩不好的孩子，也可以通过改变学习方法或教材来提高学习成绩”这样一个教学视角，同时也提出了这样一个观点：教师应该为大家创设一个丰富充实的课堂学习环境，比如根据每个人的学习适应能力准备各种各样的学习方法或教材等，并对孩子们因材施教。学不好并不是因为孩子“没有能力”，而是因为没有遇到与自己的学习适应能力相匹配的学习环境。

擅长的学习方法和擅长的学习领域

这里最让人头疼的就是在进行各学科的学习时，一般都会将某种特定的学习方法作为默认的前提或标准。

比如，对于一条科学法则的学习可以考虑两种方法。一种是归纳法，即通过实验或观察的方式探讨研究具体案例，然后归纳出其中的规律；另一种是演绎法，即先把法则教给大家，然后再对其是否适用于每一个单独的案例进行确认。但是在理科教学中，因为前者更受大众认可，所以基本上采用的都是归纳法。

也就是说，归纳学习法的擅长与否，可能会直接影响到理科的成绩。如果允许采用演绎法，可能一些原本不擅长理科的孩子会因此变成擅长理科的孩子。

可尽管如此，在理科的学习中，擅长演绎法的孩子始终还是无法避开归纳法。因为这是理科领域的一个重要特质，也是其本质的一部分。2017年版学习指导要领中提出的针对各学科特质的“思考角度和思维方式”也与这个归纳法密切相关。

有意思的是，当一个人在某个领域做到了足够好的程度时，他原本不太擅长的某种学习方法也会变得得心应手起来。这是因为以“学域精通”的深化为抓手，是可以促进“学法精通”的拓展的。这么一来，就算没有完全地掌握归纳法，也能在需要的时候拿来派上用场。从这个意义上来说，在学习之初，广泛接纳孩子擅长的学习方法是非常重要的。

《大造爷爷和斑嘴鸭》

奈良女附小五年级的一个孩子是一个典型的喜爱动物的理科少年。他在学习《大造爷爷和大雁》这篇课文的时候，自然就会想要从生物学的角度去分析这篇文章。

然而，调查才刚开始，各种各样的疑问便层出不穷。首先，文章里说大造爷爷两年来一直在用田螺做诱饵，但是大雁基本上是草食性的，不可能吃田螺。另外，文章里还说，与大雁搏斗过的游隼是中型猛禽，最大翼展为120厘米，可以捕获1.8公斤以下的猎物。可是，大雁属于大型鸟类，最大翼展可达165厘米，体重超过2公斤，游隼是不会袭击大雁的。

考虑到作为杂食性动物的鸭子也是与大雁外形相似的水鸟，又符合吃田螺这一条件，再结合被游隼袭击这一点，他得出了应该是鸭子中体型较小，且杂食性强的斑嘴鸭这个结论，并在笔记本上写下了这么一段话："《大造爷爷和大雁》这篇文章里最让读者印象深刻的应该是游隼和大雁搏斗的场面。但是从它们的体型上来说，游隼和大雁是不可能展开搏斗的，大造爷爷一定是把斑嘴鸭误认为大雁了。"

人们一般会认为这样思考问题的孩子会很难适应以故事学习为前提的文学世界观或学习方法。可是这个孩子却并没有这样。

从生物学角度来说，椋鸠十写的故事的确有奇怪的地方，但从文学角度来看，却是相当有趣味性的。而之所以会这么有趣，是因为他的文笔特别出色。椋鸠十笔下的故事总是充满活力，能够让人从中感受到生命的光辉。引人入胜的情节会把读者深深吸引到故事当中。当我抱着向作者学习的心情来读这篇文章时，我又发现了一些很有意思的地方。椋鸠十在对白中加入了很多令人印象深刻的词。在《独耳大鹿》中也是如此。椋鸠十的文章是有鲜明的个人特色的，与同样擅长写动物题材的欧内斯特·汤普森·西顿也不一样。而且他的结尾也总是让人印象深刻。椋鸠十笔下的对白非常特别，而这个"特别"又正是他的独到之处。

对孩子而言，将斑嘴鸭误认成大雁是一个致命性错误，仅这一点就足以让这个作品的价值荡然无存。可尽管如此，他一读到这个故事，便深深地被故事情节吸引住了。

这时，孩子提出了一个令自己颇为疑惑的问题：“为什么我会被这个‘从生物学角度来说很奇怪’的作品吸引？”为了找到令自己信服的答案，他主动走上了“从文学的角度阅读”的道路。在从文学的角度解读文章的过程中，他不仅有了很多新的发现，明白了从文学角度解读文章的重要性，也认识到在阅读一篇文章时，文学角度和科学角度是可以并存的。

以此为起点不断成长

有意思的是，“从生物学角度分析课文”，这种在语文学习中从未有过，甚至可能会被视为异类的做法，反而让孩子意识到了从文学角度分析课文的重要性，以至于最后才会有了对课文近乎执拗的严谨探究。仅靠孩子擅长的科学学习法是不可能对文学作品的本质做出真正的理解的。最终还是要立足于文学世界观，采用文学式的学习方法。

这是故事学习对所有学习者提出的要求，就连那个擅长科学学习法的孩子也无法忽视这个要求。我知道虽然所有的学习者迟早都会这么做，但我更希望大家可以自觉意识到这一点，并主动去这么做。至于那个孩子，如果一开始就不准他从生物学的角度进行探究，他就不会走到通往文学分析的岔路口，那么前面我们所看到的学习过程也就不会发生了。

这么说来，最值得我们关注的应该就是教师最初对笔记做出的批注。教师对他给出的“从体型来说，游隼和大雁是不可能展开搏斗的，大造爷爷一定是把斑嘴鸭误认为大雁了”这个结论大加称赞：“你调查得可真仔细。也发挥出了你的优势。”这里教师并不只是对孩子的调查提出表扬，也表达了自己对孩子的期望——希望他能以此为起点，以自己特有的方式继续深入学习，并且也表示愿意帮助他实现这个目标。

相信大多数孩子都是从文学的角度进行阅读的吧。但是，其中也会有试图从科学的角度去探究的。每到这个时候，不少教师就会告诉孩子不应该那样去读，或者指出孩子的做法是错误的，并且还会教他如何从文学的角度去阅读。不仅如此，有些教师甚至还会否定或嘲笑那些一脸严肃地对自己说“想要进行科学分析”的孩子，认为他们的做法毫无意义。可是在我看来，否认或嘲笑一个认真学习的孩子已经构成对孩子的学习权的侵犯。

这正是以保障所有儿童的学习权和成长权为目标的自适应学习的重要意义之一。因此，这就要求教学要以此为起点，谨慎对待每个孩子成长过程中不可替代的、独一无二的学习方式和探究方式。对孩子将如何深入学习做出预判，并站在孩子的立场，为其提供必要的帮助，这才是一个教师应该做的工作。

鼓励学生开展互惠性的合作学习

计算找零

接着让我们一起再来思考一下合作学习需要做些什么吧。如果在合作学习的课堂上，真的出现这种试图从生物学角度来研究《大造爷爷和大雁》的孩子，那么，对于那些一直都是从文学角度阅读的孩子来说，从生物学角度去阅读这件事本身就是非常令人震惊的。不过，他们应该也能从同伴这种从生物学角度实现探究学科本质的方式中学到很多东西。于是，这就要求我们要为孩子们提供一个能够让合作学习的相互作用惠及所有孩子的课堂，要让班级的整体学习和每个孩子的个人学习都得到进一步的深化和拓展。至少不能让他这种从生物学角度进行深入阅读的孩子在课堂上遭到排斥或冷落。

为此，我们不仅要允许大家采用多样化的学习方法，还应该营造出开放包容的学习氛围，让大家能够勇敢地在合作学习的课堂上展示自己的学习成果。此外，我们还要重视每一次的学习，将它们视为孩子们努力生活的证明，并从孩子的情况和学习内容两个方面进行仔细斟酌，给出恰当的评价。

那么，在课堂上具体应该如何做呢？让我们来看看下面这个例子。

“这道题有人会吗？谁能到前面来写一下答案？”在听到教师的召唤后，4个孩子在黑板上写下了自己的答案（见图3.2）。如果你是教师，你会如何来上这节课?

太郎带着1000日元去买东西。

他先在面包店买了一个250日元的面包，接着又去水果店买了一个120日元的苹果，最后，他去了文具店，买了一块80日元的橡皮。请问，最后他还剩多少钱?

①250+120+80=450
1000−450=550

②1000−250−120−80=550

③1000−250=750　750−120=630　630−80=550

④1000−250=750　150−120=30　100−80=20　500+30+20=550

图3.2　计算找零

当然，不太好办的是④那个孩子的答案。而在我参观的那堂课上，教师是这样做的：

“某某，你能告诉老师和同学们，你是怎么得出这个答案的吗?”通常来说，人之所以提问是因为不知道答案，可是在课堂上，教师常常会故意向孩子提问，之后再告知他们答案的对错。有人将这种提问称为“发问”，认为它是有别于一般“提问”的。从表3.1的例子也可以看出这种问答方式的会话结构是多么地特殊和非日常化。

表3.1　对话结构的比较

日常生活中的对话结构	教室里独有的对话结构
A：请问现在是几点? B：10点20分。 A：谢谢你。	A：请问现在是几点? B：10点20分。 A：答对了。

不过，教师这时的“你是怎么得出这个答案的呢”是有别于平时的课堂提问的，这里教师是真的不知道才提出的问题。对于这个问题，④这个孩子是这样回答的：

“面包店找的750日元零钱里有一个500日元，两个100日元，还有一个50日元。后来在水果店买的苹果是120日元，那么，如果给苹果店一个100日元和一个50日元，店员就会找给我30日元。”

这个答案虽然和教科书上的标准答案大相径庭，但绝对不是胡乱作答。可以说这是④这个孩子代入太郎的角色进行了一次购物模拟，然后有条不紊地把整个过程写了出来。生活中是不可能有人会拿630日元去买一块80日元的橡皮的。一个现实生活中没人会做的解法成了正确答案，而将大家平时的做法如实写出来，结果却被认为是错误答案。想想就很奇怪。

那么，在了解了④的解题思路，并意识到孩子所给出的答案才是现实中真实存在的做法后，接下来应该做出怎样的回应呢？我想即便如此，很多教师还是会这样说：“原来如此，你这个思路很有意思！老师很受启发。不过啊，虽然我们买东西的时候的确会这么做，但是在解数学题的时候可不能这么写。”

也就是说，虽然教师认同④的解题思路，但是在他看来，数学与这些是没有关系的，他要教给孩子们的数学是教科书上的正确答案。但如果那样的话，④那个孩子会开始有这样的想法：

“我们的日常生活，以及对生活的感受、思考似乎与学科教学是毫无关系的两码事。没办法，那我也就只能把学校的学习当成游戏去完成了。”

第四十一位探究者

而在实际的课堂上，事情的发展又完全不同。教师听完答案④那个孩子的解释后，先是不解地“哈？”了一声，然后会心地说出一句“原来如此”。之后，他又开始疑惑地问自己：“数学到底是什么？”如果教师连这个问题都搞不清楚的话，就很难继续教下去。话说①和②会在什么情况下出现呢？①一般是在记家庭开支时，用来计算预支的旅行费用的。②和③基本上没有用武之地。而教师在听完④的解题思路后，又会开始怀疑自己从来不曾质疑过的教学内容是否真的是对的。

教师在这里将深刻体会到课堂这个能和孩子们一起学习成长的地方的难能可贵之处。因为如果在课堂上遇到不懂的地方，只要和孩子们一同思考就可以了。

“原来如此，你的这个想法很有意思！老师很受启发。各位同学，听完某某的想法，我反倒觉得书上的答案是有问题的。你们觉得呢？”

于是，那些用①②③的算式来解题，并认为只要和书上的答案一样便可高枕无忧的孩子也会对自己的答案产生动摇。

当然，只是让孩子感到困惑并不能称之为教师，同样是“不懂”，作为教师，则必须要为孩子提供思考的方向或明确的线索：“可是啊，不仅老师小时候学的是③，教科书上写的也是③。所以我们就会理所当然地认为③比④好。但它究竟好在哪里呢？”

在有了探究的线索并经过一番仔细的思考之后，孩子们的想法会变得更加全面。

“如果面包店找的零钱不是一个50日元的硬币，而是5个10日元的硬币。那么按照④的思路，150−120=30这个算式就不存在了。”

“算式不存在”这种说法比较特别，不太好理解，我想他想表达的应该是“如果手里有5枚10日元的硬币，水果店的交易就不会用120−120= 0来表示”这个意思吧。“原来如此，如果按照④的思路，只要面包店找的零钱变了，整个回答就会发生改变。但是，如果是①②③的话，不仅它们的算式不受时间地点的影响，而且它们表达的意思也很明确，不会造成理解上的分歧。这大概就是我们会认为①②③更好，教科书会将它们作为标准答案的原因吧。”

同时，这里也充分体现出了教师的专业性和教学的重点。从数学的“思考角度和思维方式”来看，孩子们的发现确实很了不得，不过他们的发言几乎全是50日元的零钱是一个50日元的硬币，还是5个10日元的硬币等具体内容。因此，教师在听完孩子们的发言后，需要将大家的想法进一步地抽象化，使其具有更广泛的适用性。

而因同学的发现而认识到教师提出的“随时、随地、对任何人”的“好处”的④那个孩子，在为自己的回答成为获得这个重要发现的契机感到骄傲的同时，也进一步认识到了与教师、同学的协力合作能让数学学习变得更加得心应手。

实际上，这种“随时、随地、对任何人”的特性，正是数学这门学科特有的“优点”和本质，其表述方式的一般性和普适性正是学习指导要领上所提倡的各学科的“思考角度和思维方式”的一种体现。

如此一来，即使教师什么都不说，孩子们自己也会提出下一个问题，将他们的探究推向更高的高度。①②③这三个答案哪一个最好？这是一个很难回答的问题，但是，在认识到“随时、随地、对任何人”这个特性后，孩子们便可以尽情展开想象的翅膀，不断深入学习，充分享受学习带来的快乐。最后，他们会说：“假设去面包店的那条路正在施工，绕道走的话会先到文具店。那么，按照③和④的解题思路，第一个算式就变成了1000-80=920，于是整个答案就会发生很大的变化。可即便如此，②和①，尤其是①却不会有什么变化。由此可见，①是这里面最好的答案。”

至于④那个孩子，他通过每天的学习，应该也会做出这样的思考：“课堂是一个坦诚相见、互相合作、共同进步的地方，我应该在课堂上充分运用自己所学的知识，结合日常生活中的想法和感受去思考问题，直到自己满意为止，这一点比什么都重要。学科的学习本来就该如此。比如数学，就是用所学的数学知识去思考和探究身边的问题，以此构建自己的数学体系，并不断提升自己的思考。实际上，通过这种方式得出的结论与教科书上的内容基本上是一致的，如果有不一样的地方，只要自己认真钻研，弄清楚其中缘由，一切自然就会豁然开朗。”

从这个事例我们也可以看出，在合作学习中，每个孩子的多样性对他们自己，对一起学习的伙伴，以及整个班级的同学都能起到互惠作用，同时，也希望大家能想方设法地让课堂达到这样的效果。

届时，教师作为“第四十一位探究者”，从始至终都必须陪着孩子们一起深入学习。即使是小学低年级的学习内容，也常常会出现越想越不明白的情况。这很正常，因为学习本来就是发生在随着思考达到一定深度，自以为了解的事物变得越来越不懂的时候。重要的是要进行深入提问，并勇于直面问题。“不懂”对学习来说是好事，如果此时选择回避，就不可能学到东西。如果大家都能像事例中的教师那样，在课堂上亲自示范这种最本真的学习方式，那么，教师的举动就是将孩子培养成优秀学习者的最好教材。

让学习学科知识的课堂成为探究生活方式的课堂

这么想来，我们便能清楚地认识到每个孩子具备的多样性将成为他自己，以及一起学习的伙伴们更好地学习和成长的坚实基础。并且最终也很可能会超越目前正在学习的学科范围，发展成对孩子们的生活方式的一种探究。让我们再来看一个这样的例子。

“如果我是一头猪”，女同学冷不丁的一句话震惊了教室里所有的人，尤其是教师。大家全都瞪大眼睛，屏住呼吸，等着她接下来的发言。

这是我在冲绳一个五年级社会课课堂上看到的一幕。孩子们正在耐心地对粮食自给率，以及冲绳的农业和粮食生产情况进行着调查研究。

刚才说话的那个混血女同学其实并不擅长社会课，不过今天她的表现却与以往大相径庭。整个过程她都非常投入，就像换了个人似的。今天课堂的讨论焦点是自给率的计算标准，但是又不能单纯以“日本产”作为标准。她和班里的每一位同学都希望能在今天的课堂上将这个标准确定下来。

接着，继开头的那句发言之后她又说了这么一段话：“如果说我是一头猪。那么我的爸爸就是美国猪，我的妈妈就是日本猪。而这两头猪生下的我是吃乌克兰的小麦和中国的玉米长大的。那我究竟算不算日本产猪呢？”

女同学这个用自己来打比方提问应该是在对这个班级难题冥思苦想的过程中脱口而出的，不过，孩子们却真的以此为突破口，在课堂上展开了认真且深入的思考。

可即便如此，这位女同学的发言还是太过沉重了！因为她竟然勇于放下自己的尊严，去对人类的存在这个最根本的问题进行前所未有的深度思考。

对她来说，粮食自给率标准的问题不仅是社会课上的学习对象，也是客观存在于她的身体之外的一种社会现象。同时这也是一个伴随了她11年，并且还会持续存在下去的问题。自给率问题是国籍问题，与她的身份认同属于同一类型。对自给率进行深入思考就是要对自己做深层的自我剖析。因此，这也是让自己“重获新生”的一个千载难逢的好机会。

她或许是在这次学习中下定决心，一定要正视这个自己11年来一直背负着的，也是不得不背负的重担，并且要与它进行正面对决。她会用自己的方式去理解它、接受它，并向着未来勇敢地战胜它。

虽然刚才我用的是“下定决心”这个词，但其实她本人可能并没有察觉到这一点。因为她的注意力已经全部投入到了自给率这个自己以外的社会现象上，为的就是避免直面自己的内心。

不过这样也好。因为就算她想彻底地去思考自己一直背负的问题，也会因为自己的单纯及当事人的身份而无法冷静思考，从而引起思绪的混乱，最终只会让思考停留在肤浅的表面，甚至还有可能让自己受到很深的伤害。

所以，在进行学科学习时，最重要的就是只对自身以外的社会现象进行彻底思考。而在此期间获得的洞察不仅可以加深对社会这门课的学习，也会立即投射到她深植于内心深处的同类问题上。另外，由此产生的对学习意义的理解将成为她再次投入社会课学习的原动力。我认为，从这两种以相互促进的方式共同推进的学习中获得的深刻洞察和对自我认知的更新，是她从这次的学习中找到的学习价值，也是她从中得到的收获。

我们或许可以这样理解她的学习：在课程学习中不仅要牢牢掌握好学科知识，还要通过学习来审视自己，探究适合自己的生活方式。另外，随着课程学习的不断深入，对生活方式的探究也将不断加深。不仅如此，课程学习甚至已经成了向自己的内心探究生活方式的必要条件。而且我认为这才是真正的学科学习，孩子们迫切需要的也正是这样的学习。

从合作学习的角度来看，个人的能力是有限的，凭她自己一个人是无法想明白这个问题的。说起来，她之前一定做过很多次同样的尝试，并且已经到了她的能力极限。正因为如此，为了开展更深入的学习，她决心和同学们一起，认真投入到自给率的学习中去。

另一方面，在班级同学看来，她的提问正好为停滞不前的社会课学习打开了一个新的突破口，大举推进了全班同学的思考。然而更重要的一点是，大家都希望通过解决眼前的问题，以及在解决问题的过程中产生的所有想法和感受，帮助他们这个重要的朋友来解决或减轻她背负了11年的重担。正因为如此，孩子们才会更加认真、慎重、多角度地去探究自给率这个问题。

大家这么做首先是为了她，这一点是不言而喻的。不过与此同时，每个孩子也会以她的提问为契机，在合作学习的过程中想到一些自己背负的困扰。当然，如果他们的困扰和自给率不是同一类型，那么课堂上的讨论对他们来说也就没有直接的参考价值。但是现在，从如何探究人类的生活方式这一点来说，这种全班以她为中心的合作学习也算是为所有参与者提供了一种新的学习模式。孩子们一定知道，之后在思考自己的问题时，这些课堂经验具有很大的参考价值。而合作学习中互惠的最高境界就在这里。

自适应学习与合作学习的关系

奈良学习法

从目前的讨论我们可以清楚地看到，在自适应学习与合作学习中，每个孩子具备的多样性是他们更好地学习和成长的坚实基础。不仅如此，各种迹象也表明，孩子们的多样性是不会妨碍到学习的。如果你会为此感到不安，哪怕只有一点点，那也表示你正在构思并打算实践填鸭式统一教学。你现在要做的就是摒弃这种想法，重新审视自己的儿童观，并立即重新设计课堂教学方案。所谓的自适应学习与合作学习的综合提升指的正是这一点。

那么，当我们做出这样的理解时，应该如何来看待自适应学习与合作学习之间的关系呢？在这里，我将以奈良女附小的实践为线索去做进一步的思考。

木下和奈良女附小在做自己的研究介绍时一直用的是“学习法”这个词。它并不是如何教孩子的教学法，而是象征了贯彻推行以孩子们如何学习和成长，学校和教师如何提供支持为主的日常教学实践和教学研究的立场。

在这所学校，人们把以“特设学习时间”为代表的个人学习称为“自主学习”，与此同时，他们也很重视集体合作式的“互助学习”。并且还将自主学习→互助学习→自主学习视为最理想的学习流程。而这便是奈良学习法的基本原理之一。

这个原理直到今天依然备受重视，在这所学校，即使是一门普通学科，也必须先让学生以自主学习的方式进行认真深入的学习。并且，这并不是数学课上经常要求学生去做的那种毫无用处的“自行思考七分钟”，而是由学生去花整整一个小时，有时甚至是好几个小时，一个人对着课题和教材认真地思考和调查，直到自己满意为止。

战后参与过日本文部省对小学社会课的创建，后又担任过该校主任的重松鹰泰曾用“孤独的滋味”一词来形容自主学习的意义，或者说是用这个词来表现它的独特之处。一个人直面课题静静地思考，以及在这个过程中必然会产生的与自己的直接对话，这对于孩子的学习和成长来说，一定是极其宝贵，且具有决定性意义的重要经验。

当孩子们通过深入认真的自主学习得出了一定的结论，并且已经到了思考的极限时，他们会很想去听同样在认真进行自主学习的其他孩子的想法。如果把互助学习安排在这个阶段，就会产生互惠性极高的学习效果，他们会认真倾听同学的想法，并结合自己的学习心得，坦诚地说出自己的感想和疑问。因此，该校习惯将这种互助学习称为“相互倾听”，而不是通常所说的“共同讨论”。

在听取同学们的想法或是把自己的想法分享给大家，然后针对这些想法提出问题或做出回答，并围绕所发现的问题积极展开讨论的过程中，很多问题会得到解决。不过，更重要的是，这个过程让之前在自主学习中不曾注意到的问题，以及需要进行重新调查、重新思考的事情统统变得清晰起来。

更有意思的是，在剩下的课题和需要补充讨论的事项中，有一些虽然是全班同学共通的，但大部分却是个人独有的，至少大家的权重和焦点会有微妙的不同。教师一般都会用“今天的课让我们明白了……”这种套话来做课堂总结，而奈良学习法与这种流于形式的表面化教学模式是截然相反的。

正因为如此，在相互学习告一段落后，孩子们便会再次开启自主学习模式。他们会把那些在与同学“相互倾听”中学到的、想到的、质疑的，以及还没有着手研究的课题统统整理出来，然后再一次沉浸到“孤独的滋味”的世界，坦诚地面对自己，进一步深化学习。个人的自主学习和合作式的互助学习就是像这样相辅相成、互相促进的。互助学习的不断深化少不了充实的自主学习，自主学习也会因互助学习而变得更有孩子的个人特色。

不可思议的公开课

上文说过，自适应学习与合作学习的关系是相辅相成、相互促进的。然而，不光奈良女附小，很多学校都会把公开课的重点放在以讨论为主的合作学习上。就算是奈良女附小，除非平时向学校提出特别申请，否则学校是不会轻易将孩子们沉浸在“孤独的滋味”中独自开展自主学习的场面展现给外部人员看的。

于是，前来参加公开课的人看到的便是这样一幅场景：才刚上课，孩子们便踊跃举手，纷纷向教师汇报自己深刻的见解以及详细的调查结果，接着，大量尖锐的问题和反驳意见便会接踵而至，将课堂氛围推向令人瞠目结舌的高度。

这样的课堂无疑是每个教师都心驰神往的。于是大家会把教材和课堂提问照搬到自己的课堂当中。当然，这样做的效果并不理想。

原因很简单，因为奈良女附小的孩子们在公开课之前早已通过自主学习为课堂做好了充分的准备。如果在省去这一步的情况下突然向孩子们提问，自然也就只会得到一些临时的想法或无根据的猜测。可即便如此，教师却会把责任推给孩子，怪他们“学习能力差”或“不认真思考”，让事情变得很糟糕。

其实，有不少学校虽然没有像奈良女附小那样明确提出学习方法和自主学习等概念，但同样会确保每个孩子在进行合作学习之前都有机会深入开展个人学习。

不仅如此，以前的社会课都是以孩子们会在两堂课之间在家整理好想法，或向社区居民做完意见调查为前提进行的，并且孩子们一直以来也都是这样学的。

自适应学习与合作学习循环交替的课堂教学模式绝不是什么新鲜罕见的做法。但令我十分敬佩的是木下先生和奈良女附小早在大正时期便已认识到了这一点。而真正打动我们，让我们有想要尝试的念头的，无疑是因为里面包含了自适应学习这个构成因素。

自适应学习并不可怕。可能它正是你多年来为了达成理想的教学效果所不可缺少的，同时也是你一直都在苦苦寻找的“最后一块拼图”。

初秋。一声“快看快看!”拉开了新一天的帷幕。

第四章

学习决定权与环境教学

把学习决定权交给学生

把更多的决定权交给孩子

所有孩子都是天生的学习者。他们既有学习的欲望，也具备学习的能力。并且，每个孩子都是独一无二的。我们不仅应该接受他们的不同，还要让这种不同成为他们更好地学习和成长的基础。

如果秉持的是这种儿童观，那么我们首先应该相信孩子，把更多与学习相关的决定权交给他们。在天童中部小学的教学实践中，“个人计划学习”的学习内容虽然是事先定好的，但正如其名所示，一切与学习相关的决定权都是由“个人计划”的。而“自由学习”更是将包括学习内容在内的所有决定权统统交给了孩子。另外，在合作学习的“自学与自习”中，孩子们也是通过民主讨论和相互合作的方式来执行各种决定，并在这个过程中获得学习和成长。

而所有这些学习方式的共同之处是，孩子的笑容，轻松的态度，还有高度的满足感。我们每个人都喜欢自由，也渴望自由。然而，传统学校里的一切都是事先决定好的，几乎没有自由可言。也正因为如此，由自己决定、自行推进的学习方式才会备受孩子的欢迎，并且他们也会努力地参与其中。

连学习内容都由学生自主决定的“自由学习”无疑是自主学习中最为彻底的一项实践活动。不过，即使有些实践活动的学习内容是早已定好的，我们也可以通过一些方法去扩大自主决定的范围。下面我将介绍三种可用于学科教学的主要方法。

顺序选择学习

最简单的就是顺序选择学习。我们常说学科教学特别讲究系统性，可很多时候，即便调换同一单元内的学习内容或学习课题的顺序，也不会对学习造成什么影响。因此，大家不妨将教科书上的顺序理解为是对合理的学习顺序的某一种示范，不同的教科书采用不同的顺序便是最好的证明。而顺序选择学习正是来自“既然如此，为何不让孩子自主选择学习顺序”这么一个念头。

比如，在一年级的数学课上，我们会通过连点成线、拼小木棒和组合色板这三种不同的方式来学习图形的构成，并且它们的学习顺序是没有先后之差的。因此，我们不妨在教室、附近的公用空间或其他空教室里设置可供自由开展这些活动的学习角，并将活动的顺序和活动的时长全部交给孩子们自行决定，让他们可以将其作为顺序选择学习来进行灵活安排（见图4.1、图4.2）。天童中部小学便以“个人计划学习”，也就是自主把

图4.1 “连点成线变图形”学习角

图4.2 “用小木棒拼图形”学习角

握单元学习进度的方式进行了实践，当然，这样的实践也可以放在平时45分钟的课堂上进行。

虽说孩子们在顺序选择学习中有做选择的权利，但最终他们还是必须完成所有的指定课题和活动才行。也就是说，菜其实是早就点好的，孩子们不过是有权决定自己从哪一道菜开始吃、按什么顺序吃而已。其实摆在他们面前的只有两种选择，是先吃自己喜欢的，还是把喜欢的留到后面吃？可令人没想到的是，孩子们竟会对“先吃哪一道菜”的决定权那么地渴望。

不过，这也很好地反衬出了传统学校的教学模式是多么地死板守旧！因为在传统的统一教学中，就连“按什么顺序吃”都必须听从教师的指令。也正因为如此，一句“今天你们想怎么吃就怎么吃”就能让孩子们感受到极大的自由，并为此兴奋不已。

同理，当孩子们接受过更加自由的教学模式后，顺序选择学习渐渐也就无法再引起他们的兴趣。因此，我们与其对顺序选择学习的优缺点评头论足，倒不如多多关注孩子们迄今为止接受过的教学体验。

课题选择学习

课题选择学习是一种让每个人都可以自由选择学习课题的教学模式。在为了达成单元或小单元的教学目标而设计了多个学习课题，也就是在并行课题存在的情况下，便可实施这种教学模式。让孩子们根据自己的兴趣从中选择一个课题，并专心研究这一个课题。

比如，在学习五年级社会课的传统工艺时，并不是只有学完教科书里的轮岛涂才算达成单元教学目标。关于这一点，实践例子最多的就是各地使用的地方教材，比如神奈川县的镰仓雕，京都市的友禅染等。但是，和轮岛涂一样，也不是所有人都得研究镰仓雕或友禅染。既然如此，我们为何不多提供一些传统工艺的事例，让大家根据各自的兴趣自主做出选择？

课题选择学习最重要的就是对并行课题质量的保证。并不是任何传统工艺都可以用来当课题，一个合格的并行课题不仅在内容上要有足以回应孩子们求知欲和学习热情的感染力和深度，同时还必须具备拓展学习的可能性。当然，每个事例都有其固定的内容。有固定的内容不要紧，只是在选择事例时，一定要对照单元教学的目标，认真思考孩子们是否能从该事例中学到传统工艺的基础知识，也就是说，一定要仔细斟酌事例是否具有典型性。

另外，如果是让孩子们从人见人爱的课题和无聊至极的课题之间做选择，那么他们并不会觉得自己被赋予了自主决定的自由。如果列出的课题内容相差无几，那也很难让人从中感受到有自主选择的机会。为了切实保障自主决定的自由，我们不仅要让所有选项的品质达到一定水准，还要确保提供足够丰富的种类。

课题选择学习已经在生活课中得到了很好的实践。像蔬菜种植、玩具制作、店铺探险、表达或演讲方法等，可以说已经很难再找出还没做过的生活课课题的内容。可即便这样，我们也不敢打包票说这样就能让所有孩子学好这门课。

以经常在二年级实施的实践活动“会动的玩具制作”为例，如果拿皮筋力和风力这两个最具代表性的动力来讲，皮筋不仅可发挥的空间更大，也更有利于学生从原因和结果上把握皮筋状态和玩具动作间的关系，以及从各种实验结果确认预想的正确与否。

因为这些内容在三年级的理科课上还会再学一次，所以并不是所有同学都必须在社会课上将其完全掌握。不过，由于孩子们不仅对制作会动的玩具很感兴趣，也会根据自己的想法对玩具不断加以改良，所以我们最不愿看到因所选课题的不同，导致孩子们在能否实现自己的想法，以及能否进行深入学习这个结果上产生很大的不同。

当然，从生活课的教学目标来看，规定统一用皮筋做玩具这样的做法显然就是本末倒置。虽然很难判断说哪种做法更好，但需要特别注意的是，在让孩子们做选择的时候，教师一定要做好充分的备课工作，深入了解每个选择背后可能存在的学习深度和活动广度，准确且广泛地对可能发生的事做出预测。特别是被认为很难展开深入学习的风力，为了克服这个难题，丰富孩子们的学习选择，我们应该事先备好各种帮助方案，并认真进行学习环境创设。

更进一步地说，我们应该为每个选项各写一份教学方案。至少应该把“孩子可能开展的活动”和“教师应该给予的帮助”这两点写清楚，这样课堂效果会好很多。皮筋和风这两个选项会带来的问题以及所需要的解决方法是截然不同的。单凭“及时地给每个人提供帮助”“认可每个人的优点并予以鼓励”这种生活课常见的大致计划和准备，是很难及时、顺利地给各种孩子提供有意义的帮助的。

在生活课的自我表达环节，教师经常会提供一些表达方式供孩子们选择，比如将意见汇总成报纸、制作并表演连环画剧、设计批判海报等等。但是，根据想要表达的内容、方式、对象的不同，表达方式自然也会有所不同。只要教师注意到这一点，并了解清楚每种表现方式的特点，那么无论是在表达方式的选择阶段，还是在学生思考如何用所选的方式进行表达的阶段，他就能为孩子们提供更恰当的帮助。

从学科选择学习的角度对一直以来的实践活动进行重新审视和改善，不仅能满足孩子们的兴趣爱好，也能提高生活课的课堂品质。

课题设定学习

课题设定学习是一种比课题选择学习更为自由的教学模式，它允许并要求孩子们根据自己的兴趣爱好自由设定适合实现单元或小单元目标的学习课题和学习活动。以传统工艺的学习为例，教师只要事先与孩子们讲好“教师不规定课题，由你们自己去调查全国的传统工艺，并自主决定以哪个地区的哪种传统工艺作为课题”就好。

与课题选择学习一样，课题品质的选择对课题设定学习同样至关重要。教师应该对孩子能否充分深入地展开课题学习进行认真全面的思考，根据情况为他们提供个人化的咨询和建议。在提供咨询和建议时，要设身处地为孩子着想，要保护好孩子对课题研究的积极性，而不是张嘴就问哪里有困难，这样只会完全浇灭孩子们的热情。

在设定课题之前，孩子们需要做相当多的调查工作，这时每人一台终端设备将发挥重要作用。有些人可能对什么都上网查这种做法感到抵触。然而，成年人已经在这样做了，而且如果在互联网上没能找到需要的信息，或者只能找到一些相互矛盾的信息，那学生便可以带着明确的问题意识去寻找其他的解决途径或方法。对孩子们来说，这些过程本身就是有价值的。而作为教师的我们则应该倾尽全力为孩子们提供“能让他们不自觉地想要深入学习，为了获得正确信息而不断努力”的课堂和帮助。

从用纸、铅笔和图书资料开展自适应学习的经验来看，无论是对孩子还是教师，电脑都算得上是一个强有力的好帮手。在没有电脑的时代，其实也就是不久之前，要上一堂让孩子们自己调查全日本的传统工艺，并设定学习课题的课，教师必须为此收集大量的资料，并且还要将这些资料全部带到教室里来。可即便如此，还是会出现很多令人头痛的问题，比如缺少一些特定地区的资料，或是信息太少，很难让孩子进行深入探究。“老师，我想调查一下我妈妈老家某某县的传统工艺。”面对满怀期待过来找我商量的孩子，要是没有那个县的资料，不仅我会非常愧疚，孩子也会特别失望。“一人一台电脑”的导入是一个具有划时代意义的创举，我们应该充分发挥其作用。

就像这个孩子一样，课题设定学习中出现了许多基于独特理由的课题设定。有的孩子会以地区为线索调查身边人的老家或令他印象深刻的旅游目的地等，有的孩子会根据自己的兴趣去调查陶瓷、印染等，还有的孩子则是会调查一些从电视或书本上看到的有意思的事。而最为重要的一点是，通过课题设定，我们可以了解到孩子的兴趣所在，以及他们独特的学习方法和看问题的角度，还可以得知孩子在家庭和社区的生活情况，从而加深对孩子的理解。

可以说，它适用于所有的自适应学习，以及像“自学与自习”这种合作学习中的自主学习。孩子特有的学习方式和学习状态将在他们自主开展活动的过程中清晰明确地凸显出来，这是在统一教学中很难看到的。作为教师，我们绝不能对此不管不顾，而是应该好好观察，进一步加深对孩子的理解。

有些教师看到孩子们的自主学习开展得很顺利，于是便放心地在讲台上认真处理起公务来，有些教师甚至干脆就回办公室去了，我真是替他们感到可惜。教师的工作并不仅是狭义上的教孩子一些东西，加深对每个孩子的了解、关心他们的内心世界同样也是教师工作的重要组成部分，甚至可以说这个部分才是教师最根本、最本质的工作。而孩子们开展自主学习的这段时间正是教师钻研这部分工作的难得的好机会。

以上就是实现自主学习的三种方法，当然我们也可以在单元学习中将它们组合起来用。其实，在像“个人计划学习”这样的自主把握单元进度的学习中，对必修课题和活动采用顺序选择学习，对拓展学习的部分采用课题选择学习和课题设定学习的情况不在少数。

比如，第一章的资料2的学习指南对四个工业课题所采用的是顺序选择学习。而资料3的学习指南则是准备了五种进行拓展学习的方法，为的就是让孩子们能够根据自己的兴趣爱好进行课题选择学习。

而如何使用每个单元的那8个或10个小时的标准学习时间本来就是由孩子自行决定的，如果是同时学习两门课，那学习的自由度就变成了原来的两倍。当然，随之而来的还有自行推进学习的责任。不过因为孩子们喜欢自由，所以他们会主动承担起这部分的责任并为之努力。我衷心地希望各位教师能够鼓起勇气，把更多与学习相关的决定权交给孩子们。

营造促进学习的教学环境

从环境上为孩子提供学习便利

孩子既有学习的欲望，也具备学习的能力。无论哪个孩子，只要遇到适合的环境，他们便会融入其中，并通过与环境的互动来推进和深化自己的学习。这么想来，除了传统的直接教学，作为教师的我们还可以通过打造适合的学习环境，间接鼓励和帮助孩子们学习。

另外，由于每个孩子各不相同，所以所谓的适合的环境也因人而异。因此，在打造学习环境时，最好能灵活地为孩子们提供各种潜在的与显在的学习机会。

下面我将向大家介绍一下环境教学这个理念，以及实现这个理念的方法——学习环境创设。首先，让我们一起来看一个案例。

某小学在有光线间接射入的明亮走廊的窗台上安装了四台显微镜，供大家随时使用（见图4.3）。于是，孩子们会在下雪时用它来观察雪花的结晶，会在牵牛花盛开时用它来观察花瓣，这样的活动在日常生活中非常自然地开展着。而且，显微镜不仅从来没有坏过，孩子们在理科课上对显微镜的操作和装片的制作也变得非常熟练。高年级的孩子带着低年级的孩子一起看显微镜已经成了孩子们的家常便饭。听说一年级的孩子都有一个共同的愿望，那就是“希望能快点上理科课！”。

图4.3　随时可以自由使用的显微镜

试问，大家学校里的显微镜一年到头能用几次？孩子们在毕业前又能有几次操作显微镜的机会？我想，真实情况就是能使用的天数屈指可数，能操作的机会寥寥无几。而显微镜的闲置会导致镜片发霉，甚至还可能会报废。这真的是太浪费资源了！

为了不让“GIGA学校”构想中的“导入一人一台电脑”也重蹈这样的覆辙，我们必须抓紧为孩子提供一个日常使用电脑的环境。因为电脑的使用寿命要比想象的短，我们根本没有时间慢慢来。

让大家每天都使用这些工具的最好办法并不是听从教师的安排，而是提供一个可以让每个孩子根据自己的时间、按照自己的方式随时使用的环境。而前面提到的显微镜的案例正好就是这样。

现在孩子们人手一台电脑，那为何不让孩子们在遇到想调查的事情或不明白的问题时，也能随时拿出电脑来查呢？曾经有一位教师，他的书桌上总是放着一本词典，一遇到不懂的单词，他便会马上查词典，并在上面贴上便签纸。我们只要把词典换成电脑就好理解多了。

说到这里，一定有人会反驳：“如果允许把电脑一直放在课桌上的话，孩子们就不会专心上课了。”可他们不专心听讲其实是因为课堂内容太无聊枯燥，就算没有电脑，他们也会在本子上画漫画玩。也就是说，拿走电脑并不能解决根本问题。相反，正因为可以使用电脑的机会太少，孩子们才会想要在有限的时间里去做各种各样的尝试，结果就会做出一些与教师的指示和要求没有关系的事情。不仅是电脑，我们还应该把更多的东西放开给孩子们，让他们可以根据自己的情况和时间自由使用，从长远来看这才是上策。

向幼儿教育学习

这些观点听起来可能比较陌生，但在幼儿教育的世界里，这些其实都是非常理所当然的事情。幼儿会主动去接触身边的人、物、事，并在与他们的互动中不断学习。幼儿教育常常会通过创造良好的环境，引导幼儿与人、物、事的互动往更具教育价值的方向发展，从而实现预期的学习和成长。

幼儿教育一直以环境教学为主要教学方式。当然，支撑这一切的，是所有孩子生来都是有能力的学习者这一儿童观。

图4.4是一所非常普通的幼儿园的教室一角，教室里摆放着剪刀、胶水、透明胶等工具，还有折纸、牛奶盒、毛线等材料，这些都是孩子们可

图4.4　幼儿园的学习环境创设

以随用随取的。很有意思的是，这样做不仅让孩子们养成了用完物品后物归原处的习惯，也让他们懂得了只拿自己需要的，不能浪费。

当然，这里有几点是需要特别注意的。某幼儿园就曾遇到过这样一件麻烦事，那就是有些孩子会把要用的材料全部据为己有。经过仔细观察后发现，他们之所以会那么做，是因为教师只准备了刚刚好的量。于是，我让教师把材料增加到孩子们用不完的程度，这样一来，一人独占的问题马上就得到了解决。我们在做环境创设的时候，一定要确保这种“需要时一定有”的安全感。不仅孩子需要这种安全感，大人也同样需要。大人在缺乏安全感时会不断囤买东西便是这个原因。要保持心态的自由平和，从容和安心是至关重要的。

虽然孩子们在幼儿时期会这样主动接触环境，可一进入小学，一切就都变成了听从教师的安排。“今天我们要用到剪刀。老师现在会发给大家，请一组的同学到前面来领。其他人在座位上静静等着。”

因为凡事都是如此，以至于孩子们不得不将自己原本具备的，以及在幼儿园培养起来的学习能力封印起来，渐渐地也就不再主动去思考任何事情了。

因此，小学改革首先最应该做的就是重新审视以“手放膝盖，紧闭嘴巴”为代表的一系列仪式性的强制纪律训练。在家政课上，有些教师总会感叹说：“孩子们上完课从来不收拾。”可是，既然东西都是教师准备的，那孩子们又怎么可能会想到去收拾呢！

作为教师，我们要让孩子们回想起自己五岁时就会做这些的事实，并且还要引导他们去思考自己当时为什么可以做到。这样也能让我们意识到，教师的工作是为孩子提供一个能够让他们认识到自己是有能力的学习者，以及能让他们充分发挥并进一步提高自身能力的环境。

用文字信息一次性给出所有指示和说明

接下来，就让我们一起来看看学习环境创设的具体情况吧。

为了让孩子们能够自主学习，教师应该事先将所有的口头指示和说明用文字信息的形式一并罗列出来并发给大家。这样孩子们在学习的过程中便可以随时进行确认。我们可以把其中的一小部分粘贴在告示栏，主要内容则以卡片的形式发给大家。

卡片有两种类型。一种是对各部分学习内容进行说明的学习卡，如第一章的资料1和资料6。虽然它在定位上与通常的活页练习题或打印资料无异，但略有不同的是，上面的信息要尽可能地详尽且便于理解，让孩子们仅凭卡片上的信息就能进行自主学习。

如果是统一教学，教师便可以在发完活页练习题后，当场向大家说明“要做什么，该怎么做”。不过，如果要将这些口头说明以孩子都能看懂的形式写出来，那就需要下点功夫了。当然，这对于教师来说也是一种很好的锻炼，因为在这个过程中，教师需要思考如何才能直接并准确地向孩子传达这些指示和说明。另外，这样做也会让大家深刻反省自己平时的发言是多么地不经思考。

不过，在站在孩子的角度反复斟酌用词的过程中，我们逐渐也会掌握其中的诀窍。最终，当平时在课堂上做指示或说明时，我们的语言自然就会变得通俗易懂且简单明了。因此，关键就是在进行过程中不要怕麻烦。

而另一种卡片则是提供与如何进行长期学习、如何制订计划相关的信息，例如“个人计划学习”中的学习指南。学习指南不仅对孩子在某一单元的学习中可能会用到的所有资源进行了整合，如教科书、学习卡、图书资料，以及各种媒体和活动，还起到了将它们各自的定位、意义以及相互之间的关系等以简单易懂的方式传达给孩子的作用。可以说，它就像一张帮助孩子制订最适合自己的学习计划并付诸实践的地图，它可以作为上下文信息的提供源，这种与内容相关的信息的重要性我们在前文中已有说明。

建立一个在单元学习开始之前备齐所有卡片，让孩子们可以随用随取的供应机制（见图4.5）。以前还有人试过将所有卡片装订成册，并全部交付给孩子的做法。这样做不仅可以使孩子们一次性获得所有信息，还有利于单元学习计划的制订，并且在学生进入学习状态后，他们也不需要经常起身去拿卡片，有利于专注力的持续保持。

然而，因为不用离开座位就可以继续学习，所以孩子们也就不太有机会看到其他同学学习时认真投入的样子并从中获得刺激，也不太会注意到各种学习角和学习资料的存在，于是学习就容易变得单调。并且还有研究表明，适度的身体活动有提神醒脑的作用，所以，综合以上情况，不用离开座位其实是各有利弊。

图4.5　所有卡片随用随取的供应机制

信息与通信技术彻底改变了学习资源的收集和提供

收集和开发卡片以外的各种学习资料是学习环境创设里非常重要的一环。为了满足每个孩子的“学习优势”和兴趣爱好，我们最好准备和提供尽可能多的信息和教材教具。即使最终只有一个人会用到也没有关系。相反，我们更应该为自己刚好准备了那个孩子需要的学习资料而感到高兴。

特别是在自适应学习中，我们更应该用这种思路去考虑问题。可是一直以来，大家总是更倾向于大多数人的意见。在根据大家的兴趣爱好进行课题分组学习时，我们也总是会从人数多的课题开始，依次将他们分成A组和B组，最后再将剩下的人合并成一个组，并且还会给它取一个非常不礼貌的名字，比如“其他组”之类的。对于这种早已习以为常的惯性思维模式，我们必须认真地做出重新审视。

要收集种类多且品质高的学习资源可不是一件容易的事，我想每一位经验丰富的社会课或理科课教师都应该深有同感，所以我会做一个生活中的有心人，注重平日里的日积月累，而不是在临近单元学习时再去仓促准备。我会确认每天的电视节目内容，会在旅行或出差的时候，去当地市政厅和旅游信息中心，把当地的宣传画册资料统统带回来。我还会利用休息日去图书馆或档案馆寻找有用的文献，或是把印有旧报纸的微缩胶片找出来进行信息核对。

不过随着信息与通信技术的进步和普及，情况已经完全发生了改变。以前要费尽周折才能找到的旧新闻报道，现在在家就可以轻松检索到。而且不是由教师检索，然后打印出来发给孩子，而是由孩子们在各自需要的时候自行检索。

这就意味着像社会课的资料集等资料已经派不上用场了，因为它们不过是为了方便教师上课而被单个截取来的一些零散资料的汇总而已。可即便如此，这些资料在过去也不是轻易就可以获得的，所以能有这些资料可用，我已是无比感激，就算有些统计数据早已陈旧过时，我也不舍得花钱给每人买一份新资料。

另外，考虑到影像资料能给人留下深刻的印象，尤其是对那些对学科内容不感兴趣，以及不擅长学习文字信息的孩子，我费尽周折地收集了很多影像资料，可如今，网上可用的视频资料应有尽有。以前教师要花费很大工夫才能把内容一个个地收集起来，然后再转交给孩子们，而现在却只需分享一下链接就可以了，并且最近还特别流行分享二维码。不过，如果只是简单提供一个链接或二维码，孩子们大抵是不会点开看的。大家不妨去想一些可以将网页上的信息简单明了地传递给孩子们的方法，比如将网页制成尺寸合适的缩略图之类的，这样效果就会好很多。

不管怎样，随着信息与通信技术的导入，与之相关的一系列工作方式都发生了彻底的改变。以前，能用于学习的信息和教材教具太少是实践自适应学习的最大阻碍，而现在，不仅这个问题得到了彻底的解决，孩子们也不再需要教师帮忙就能直接获取信息。

所以，从发展自主学习的角度来看，信息与通信技术也理应受到大家的热烈欢迎。

不过，这并不意味着教师可以不用再去寻找和收集学习资源。即使把检索和收集信息的工作全部交给了孩子，教师也应该对与本单元相关的信息类型和途径了如指掌。只有这样，教师才能预测以特定信息为线索进行学习的孩子的学习发展和挑战，并由此判断其是否需要帮助，以及需要什么样的帮助。

一人一台电脑并不意味着可以放任孩子，可以对他们的学习不管不顾。作为教师的我们，不仅要掌握所有情况，还应该做好在需要的时候能够随时提供支持和帮助的准备。

另外，在孩子们检索信息的时候，我们可以给一些像“先找找这方面的内容”这样的建议，这就像是为了保障安全行驶而建的护栏，或是为了一定能到达目的地而设置的目的地指示牌，在一定程度上来说这样做是很有必要的。

也就是说，虽然一直以来一切都是听由教师安排，或者说因为一切都得靠教师提供，所以一直以来都是如此，但是今后，教师一定要尽可能地放松控制，让孩子根据自己的想法、判断和能力来做决定。而如何去落实这一点则是我们今后的课题。随着以天童中部小学为首的全日本所有学校的实践研究的推进，一些有效的方法应该也会与它的理由一同公之于众。

设置体验角、活动角

虽然我一直在说信息与通信技术已经彻底改变了学习资源的性质，但这并不表示只要将一切学习环境电子化便可以高枕无忧。有些学习内容只有亲自动手操作才能真正理解，还有一些则需要全身心地去体验才会更有效果。在教室、开放空间、备用教室设置体验角或活动角将继续成为学习环境创设的核心课题。

不过，基本的教材、活动和体验本身与以往的课堂并不会有太大不同。并且用于数学图形教学的各种教材，长度、宽度、质量、体积教学中开展的各种测量活动，作为理科教学核心的实验或观察场所的创设，以及各校自制教材或活动应该也都是非常丰富的。

图4.6是天童中部小学五年级学生在上《鳉鱼的诞生》这堂理科课时

图4.6　小组饲养鳉鱼

的情形。课堂上教师只准备了鳉鱼，饲养所需的其他材料全部交给孩子们自己查询和准备。他们会先甄别鳉鱼的雌雄，然后再往每个组的水缸里放入雌雄各2条，共计4条鳉鱼，并且会利用休息时间一边观察一边饲养。

图4.7是进行拓展学习时的情形，他们一边确认雄性和雌性之间的各种不同，一边制作鳉鱼的立体模型。图4.8是在进行学习环境创设。通过在走廊上设置与显微镜相连的显示器，方便大家随时观察鳉鱼

图4.7　五年级学生对理科课《鳉鱼的诞生》进行拓展学习

卵的情况。这种通过对电子设备的有效运用，让学生获得更真实的学习体验的环境创设，是非常值得教师们参考借鉴的。

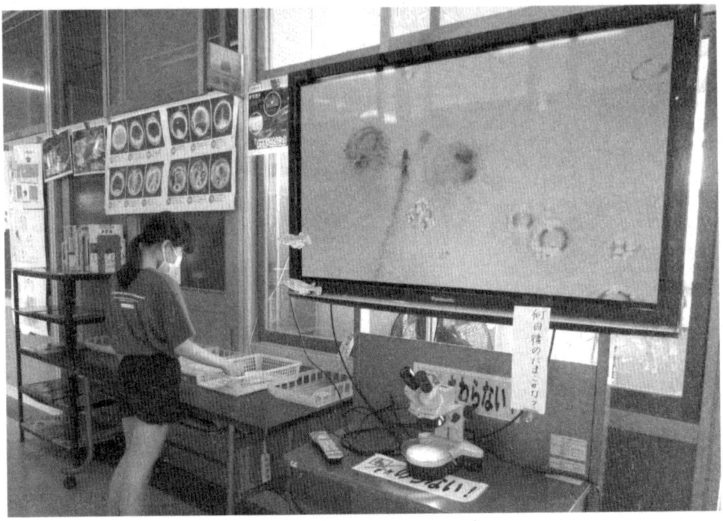

图4.8 将显微镜与显示器相连，以便大家可以随时观察鳉鱼卵

图4.9是其他学校开展的活动。在学习《将自然融入生活》这堂五年级的社会课时，为了模拟雪景，教师们在自创的体验角放上大纸箱，并在里面堆满了碎纸机裁碎的纸碎。然后让孩子们单脚穿上经常下雪的地区才会穿的雪鞋套在里面踏步，为的就是让他们去体验有无雪鞋套在雪地上行走时截然不同的感受，孩子们玩得不亦乐乎。

图4.10也是其他学校开展的实践活动，这是一个三年级的自闭症、情绪障碍班正在对“质量”进行个人计划学习时的情形。照片拍摄场地是孩子称书包重量和自己的体重，并对二者进行重量比较的学习角。虽然学习卡上写的是无论是放在一起称还是分开单独称，得出的数值都应该相同

图4.9 “雪地鞋套”体验角

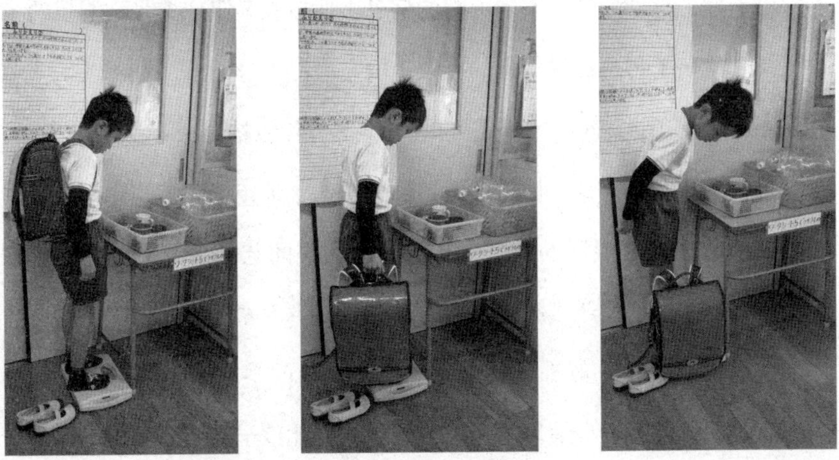

图4.10 大家在“质量”活动角展开进一步的深入学习，直到满意为止

的，但照片中这个孩子却发现书包无论是单手拿，还是背在背上，或是直接放在秤上，同时自己站在旁边，称出的数值都是一样的，于是他花了相当长的时间，尝试了所有方法来验证自己的发现。每个人对学习的侧重点是很不一样的，只有当这一点得到了教师充分的理解和支持时，孩子们才会如此锲而不舍且条理清晰地去进行探索和研究。

多功能布告栏

在布告上下功夫是学习环境创设的一个重点。

我们对学习所需的大部分信息都是通过卡片的形式来提供的，如果不拿出卡片，孩子们就看不到上面的信息。所以在显眼位置张贴醒目的布告是一个向孩子传达关键信息的有效手段。

图4.11是20世纪80年代拍摄的绪川小学五年级社会课《传统工艺》的学习布告栏。左侧的日本地图周围粘贴着一些各地传统工艺的介绍，右侧的墙壁和阶梯台上展示的则是爱知县当地的民间艺术品和手工艺品。另外，在靠墙的桌子上还摆放着相关的宣传册，供大家随时翻阅。

这样的布告栏一般都是在单元学习开始前的某一天突然出现在孩子们面前的，这是绪川小学当时一贯的风格，对此孩子们一般都是一副丈二和尚摸不着头脑的状态。就算他们不喜欢这样，也还是会主动地去接触这些信息。

从作用上来看，它应该相当于平时的课堂导入，但由于它出现的时

图4.11　五年级社会课《传统工艺》的布告栏

间点是在学习开始之前，所以可能会更像电影或电视剧的“预告片”。通过这样的布告，有的孩子在单元学习开始之前就已经对后面的学习有了大致的了解，有的孩子甚至还会产生开展深入学习的想法或者说是愿望。另外，在单元学习开始后，布告不仅会成为学习该单元的一种标志，同时还会起到保管和供应各种资料的作用。

图4.12拍摄的也是同时期的绪川小学，这是一个对六年级学生率先开展的综合学习《展望21世纪，是悲观还是乐观？》的立体布告。它以象征水、土、大气、动物、植物五个主题的墙面布告为中心，左侧写着单元学习的流程，前方桌子上放的是一些与之相关的图书和资料，以及供大家自由观看的影像资料。此外，天花板上还悬挂着一块写有“扔掉是垃圾，留着是资源”的牌子，牌子下方摆着大量的空罐子。在今天看来，这相当于

一次以“可持续发展目标”（SDGs）为主题的学习活动，但是在30多年前就开展了完成度如此高的实践着实令人惊讶。并且，这些布置都是毫无征兆地突然出现在孩子们面前的，想必一定给大家留下了深刻的印象。

图4.12 综合学习《展望21世纪，是悲观还是乐观？》的立体布告

图4.13拍摄的也是绪川小学，是在上一年级的语文美术融合《故事画》课时的布告，由孩子们的画作组成。对于低年级的学生来说，布告的作用与其说是提供实质性的信息，不如说是为了营造该单元的学习氛围，也就是为学习提供舞台或背景。这一点与幼儿教育中的布告或环境布置相似。

在语文课的方言学习中，孩子们也会像图4.13那样共同参与布告的布置。教师则会像图4.11那样，先在墙上贴一张日本地图，然后让孩子们把

图4.13　孩子们的作品展《故事画》

写好调查结果的小纸片粘贴在地图的四周。可以说布告墙成了大家交流学习的地方，或者说是班级共用的笔记本。

一说到学校布告，总会给人一种将孩子们的绘画作品或书法作品密密麻麻张贴出来的印象，但是，作为学习环境创设的布告却并非如此。只要肯下功夫，除了提供信息，布告还能起到教学导入、营造氛围、保管和供应资料、提供学习平台等各种各样的作用。其中最为关键的一点是，布告内容一定要能够对孩子的学习起到激励和帮助作用。希望孩子们能够和校内的同学们一起交流创意，开心地参与到活动中来。

以上就是环境教学和学习环境创设的全部内容，看到这里大家都有什么样的感想？老实说，一定有人会觉得很难对吧？到目前为止，大家应该还没有过通过改善学习环境来间接帮助孩子们学习的经验，会那样想也在情理之中。不过实践活动的结果告诉我们，只要给自己一些时间去做尝试，你的想法可能就会完全改变。实际上，在把环境教学当作主要教学方法的幼儿教育的世界里，即使是刚入职的新手教师也能迅速上手，不仅如此，在短短几个月时间内，天童中部小学包括年轻教师在内的所有教师早就把一切视为理所当然的了。

其中的一个关键点是要养成以单元为单位进行备课的习惯。这一节里讲的都是单元层面的工作。虽然看上去工作量特别大，但如果我告诉你这是10个小时的工作量，你又会作何感想？也就是说，只要把1小时备课的工作量累计到10个小时，它的总量应该就是这么多。

不同之处在于，你必须在单元学习开始之前完成所有准备工作。学习环境的建设不是学习开始前一天的突发奇想。如果你每次都在前一天才匆忙准备课程，那么首先需要改进的是你的习惯。因为这本来就是课程管理的基本工作，即根据中长期的预测来推动教学指导。反过来说，学习环境建设这一具体工作的开展，不仅有助于我们养成以单元为单位开展教学工作的习惯，还有利于课程管理的顺利进行。

另一个关键点是明确创设工作与孩子学习的关系，并为其创造环境。日本的小学教师投入了大量精力来建设学习环境。然而，这种整理主要是从班级管理的角度进行的，很少考虑到学科学习。也就是说，教师已经完全掌握了学习环境建设的技术，希望未来可以将这些技术运用于学科学习。

希望大家都能勇敢地迈出第一步。

深秋的早晨，卫生委员正在打扫落叶。我问他："你怎么会想到做这个呀？"他回答说："学校里有很多树，光靠清洁工根本扫不完。"

第五章

运用信息与通信技术教与学

充分利用信息与通信技术工具

我们在第四章已经了解了信息与通信技术（Information and communications technology，ICT）的活用给自主学习和学习环境创设带来的巨大好处和影响。在这一章，我将从不同的角度对活用ICT技术的意义和可能性做出进一步的思考。

说到信息与通信技术的活用，大家往往会认为需要创建与以往不同的特色课程，或者需要为每个学科提供专用软件，其实并非如此。现在电脑对大人来说就是一样文具。既然如此，给孩子们提供一个可以将电脑作为普通学习工具的环境，或者向他们做出这样的承诺才是上策。

作文的本质不是写字

很多大人在电脑上用得最多的就是文字处理软件，然后是电子表格（表格计算）和演示文稿。以这三款商务软件为支柱，再加上邮件和网页浏览器，几乎就可以完成所有的工作。所以，说电脑是文具也无可非议。

就普通文具来说，孩子用的文具和大人的虽然会有不同，比如笔芯会软一点，墨水颜色会深一点，笔记本的格线会宽一点等，但东西基本都是一样的。电脑软件也是如此，不过我们只要给孩子们提供普通的商务软件就可以了。

另外，大部分商务软件在基本操作上是有很多共同点的。只要你能熟练地用电脑进行文字处理，应该也就能很快掌握其他软件的操作。

很多学校到现在还在让学生手写作文，并且还要求他们誊写，这简直就是浪费时间。我曾碰到过这样的一件事，有个孩子因为发现自己漏写了一个字，就打算用橡皮将自己认真写好的好几行文字全部擦掉，结果咔嚓一声巨响，稿纸被他擦破了，他也因此完全失去了继续写下去的动力。我们究竟还要让这样的事情上演到什么时候呢？

作文的本质不是写字，而是通过在写作中下功夫，把想要传递、想要表达的东西用与之相符的逻辑和表现形式表达出来，并且还要慎重地、多角度地去斟酌所下的功夫的合理性。就算是从促进对作文本质理解的意义上来说，我们也应该从开始教罗马字的三年级开始，就让孩子们用电脑来写有一定长度的文章。

图5.1和图5.2是在三年级语文课的“个人计划学习”中，大家以《宝岛冒险》为主题进行故事创作时的情形。在图5.1中，孩子们正在用平板电脑自带的屏幕键盘写着文章。而图5.2的孩子则是先把对故事的构思输入到平板电脑里，然后边看平板边用台式电脑写故事。这些细节也反映出了每个孩子各自所“擅长的学习方法”。

在语文教科书里，作文通常会被安排在说明文的阅读理解之后，为

图5.1　使用平板电脑的屏幕键盘创建文本

图5.2　对平板电脑和台式电脑要根据用途区分使用

的是让大家能够在作文中用上所学的表达方式和要点。例如，光村图书出版的三年级语文教科书（下册）就是让大家在学完《变形的大豆》之后，围绕“变形的食品”这一主题来写一篇说明文，所以还是从一开始就用文字处理软件来写比较好。至于写什么食品，那就让孩子们通过课题选择学习或课题设定学习来决定。此外，电脑还将在获取各种食品的信息时大显身手。

刚开始的时候，打字会比较花时间，但与手写不同的是，在对文章进行修改或推敲时，打字可以省去擦掉重写的麻烦。孩子们自从意识到这一点后，便不再嫌打字麻烦了。而且，因为打印机替代了誊写，每个人的作文打印出来都是漂漂亮亮的，所以孩子们也越来越喜欢写作了。

让我印象深刻的是，以前大家总是拿着写有整段文章的条形纸片来回移动，思考按什么顺序排列才能让文章更加流畅。而现在的孩子们则是一边盯着电脑屏幕，一边对已输入的文字进行复制粘贴，通过任意调整段落顺序，编辑出好几版不同的文章。然后再用打印机将它们全部打印出来，放在桌子上进行比较。

这样做不仅比移动纸条更直观，也更能激发出小伙伴们的讨论热情。并且这种方式也能让他们很快意识到“如果按这个顺序，这个连词就不能放在这”这样的问题。同时也便于让不知如何做出选择的孩子将自己的备选作文投射到电子黑板，或将它们放大打印出来，供全班同学一起讨论，这样做会有很好的效果。如果在讨论过程中发现了更好的排列顺序，孩子们就会迅速把它编辑成文字，并将其作为备选选项。

要想让大家平时能够积极地使用学校发的电脑，写作可以说是再合适不过的一项活动。通过完成每天的写作任务，孩子们的电脑操作必然越来越熟练，且与信息利用相关的各种素质和能力也能够在短时间内得到显著提高。

从这个意义上来说，我还是希望学校能够允许孩子们把电脑带回家，任由他们按自己的时间和兴趣尽情使用。人对操作技巧的掌握和对功能的了解往往都是在好奇心的驱使下不断进步的。这不仅比统一教学的效率高，而且还比它更加靠谱。

只是，家里的网络环境会成为带电脑回家的一大阻碍。有些地方政府也是因为考虑到这一点才不准大家将电脑带回家。不过，其实电脑的打字功能是可以在离线状态下操作的，而且电脑的各种功能也需要花时间去学习，所以，让孩子们将电脑带回家正好有利于大家掌握电脑的操作。

还有人担心孩子把电脑带回家后会弄坏它，其实现在的电脑并没有那么容易坏。从配置上来说，一台电脑也不可能用好几十年，所以最明智的做法就是，电脑一寄到学校就立刻发给孩子们，并嘱咐他们每天都要拿出“把它用坏”的气势去用。只要能够在孩子们的学习中充分发挥出电脑的作用，那么在下次申请预算的时候，应该就能得到社区的支持。

物尽其用

有写作需求的学科并不仅限于语文课。孩子们还可以用文字处理软件去写社会课的调查活动总结、科学实验报告等。届时，根据课堂目的和学习对象，通过在包括照片、插图、表格、图表等在内的综合表达方式上下功夫，孩子们对各种资料的作用的理解，以及对它们有效运用的能力都会得到提高。

近年来，虽然教学上很重视思维与表达的关系，但我们除了要提高孩子们正确表达的能力，还应该让孩子们明白“当获得可以进行丰富且准确的表达机会时自己在想什么”，由此也可以进一步提高他们进行深入思考的能力。从这个意义上来说，我们一定要特别注重实践活动的质量、种类以及活动中要用的工具。

从很早以前开始，电脑在实践活动中的使用频率就一直在不断增加。比如说二年级生活课有一节《城市探险》的主题活动。这个活动的内容是给自己去过很多次、关系很熟的店铺拍照，并用这些照片来制作店铺宣传用的报纸或海报，然后再把作品作为礼物送给店铺。教师只要事先创建一个基本格式，然后由孩子们将照片贴在指定位置，再附上一些文字描述就能做出一幅漂亮的海报。要是能在上面再加一些装饰性的线条，作品就会更加漂亮。若是教师可以再多提供几款设计选择，那就更好了。另外，虽然需要花费一些经费，但如果能用高光泽度的相纸将它们彩印出来，那么成品就会更加精美，这样一来，别说孩子们了，店里的人也会特别高兴。

说到这里，有人会特别担心：“不手写真的没关系吗？”别担心，每堂课的笔记还是要手写的。用电脑来做像分数、图形、表格、图表等数学课的笔记是特别困难的，也没有必要那么做。总之就是要物尽其用，在对以文字为主的长文本进行反复推敲，或者在进行写作或语言描述时，使用电脑不仅会更加方便，从长远来看，也会让孩子们学到更多的东西。

另外，小学各年级都设有书法课，这样充分确保了孩子们有认真且正确地练习写字的时间。如果对手写文字有不安或不满，不妨对书法课的教学方法多加研究，以便让大家在书法课上获得充分的学习。

课程支持云的应用

虽然前面在讲将电脑当作文具时，曾说过只要安装了文字处理等几款大人也在用的基础商务软件就可以，但其实也可以使用学校教学专用软件。天童中部小学正在使用的LoiLo笔记等课程支持云就是其中的代表。课程支持云以教师向孩子传达信息、孩子向教师提交学习成果、孩子之间进行信息交流为中心，并且还兼具演讲、思考工具、问卷调查等多种功能。天童中部小学对它的使用频率非常高，基本上各个年级每天都在使用。

图5.3是三年级学生开展班级活动时的情形，大家一边回顾过去的九月，一边为十月即将开启的下学期制定目标。在活动过程中，大家会使用Y图表这个思考工具来深化学习。而活动流程则是分为两个部分，首先进行的是独立思考（见图5.4），然后再在大屏幕上分享全班同学的意见，并进行交流讨论。

图5.3 三年级的班级活动“回顾九月”

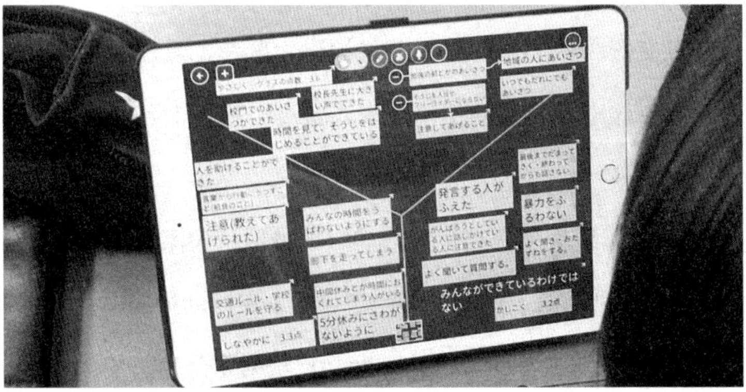

图5.4 用思考工具（Y图表）来总结自己的想法

如果孩子们是以个人演讲的方式分享自己的观点，那么一堂课的时间也就勉强能够让班里同学将个人汇报做完。当然，认真倾听一个人的想法，不仅是要知道他的结论，还要在理解他的逻辑和思维方式的基础上做进一步的提问或反驳，或分享与之相关的意见等，这对每个人都是非常有意义的。

但是，孩子们也会有想要更迅速地向大家分享信息的时候。于是大家便会将自己的笔记本打开放在课桌上，供班级同学自由翻阅。或者，大家会在开展小组活动的时候，把各组的意见汇总到小白板，然后再将所有小白板悬挂在黑板上，让大家可以对各小组的想法一目了然。不过，这样做不仅花时间，而且可分享的信息量也不充分。而课程支持云的使用不仅可以使这些问题全部得到解决，还能留下完整的记录供教师在期末评价时参考。

充分利用相机功能

说到“一人一台电脑”，我想还有一点应该也是孩子们特别擅长的，那就是对相机的操作。现在就连大学生都习惯用拍照的方式来保存重要信息，而不是将它们写在笔记本上，那么，对于这群出生在数码年代的孩子们来说，相机的操作恐怕根本就是小事一桩。

图5.5是一年级学生在四月份开展生活课《学校探险》时的情形，孩子们正在不停拍自己在意的地方。回到教室后，他们马上把照片上传到云

端系统笔记，然后针对各自的发现和喜欢的地方展开讨论。图5.6是一年级学生在语文课上围绕“喜欢什么”这个话题开展“听说活动”时的情形。孩子们会把自己喜欢的东西拍成照片，然后一边向同学们展示照片，一边

图5.5 手持平板电脑进行“学校探险”

图5.6 边说边展示在家拍下的喜欢的物品的照片

说明自己喜欢的理由，之后再回答大家提出的问题。这是一个被称为“展示并介绍”的欧美传统实践活动，如果是体积太大、不宜搬动的东西或者像动物这种无法带来学校却又很喜欢的东西，孩子们便可以拍摄它，然后把照片带过来。

大家在生活课上对种植的牵牛花或蔬菜展开观察时，也是采用传统的手写记录和相机拍照相结合的方式。然后你就会发现，其实有些内容更适合手写。手写可以勾勒轮廓，但照片却不能。相反，相机更适合用来表现花瓣的颜色和蔬菜表面的纹理。可以说，选择适合目的和对象的表达方式或工具是通往未来的重要一课。

在第一章的“自由学习”中，我们看到了相机的摄像功能在体育教学中的作用，在科学课的“个人计划学习”中，孩子们也试着拍下了以单元教学内容为基础的实验过程，并将其上传到了LoiLo笔记上。而这些视频又可以用来作为给成绩评语时的参考，真可谓是一箭双雕。

图5.7　录下认真练习过的朗读

视频不仅可以记录画面，还可以记录声音。图5.7是一年级学生正在语文课上为说明文录音时的情形。孩子们会一遍遍地重录，再一遍遍地回放确认，直到自己满意为止。可多次尝试、可反复操作、可重新再来，这正是用电脑学习的重要特点，也是提高教学质量的关键所在。并且它也同样适用于音乐课的教学（见图5.8）。

另外还可以定期拍摄一些视频或者音频资料，比如在单元学习开始、进行途中、学习结束这样的时间点上进行拍摄或录制，之后在进行课堂回顾时，便可以通过这些资料来确认自己的熟练程度或进步情况。从对记录并回顾学习过程的重要性及其意义的理解以及学习习惯的养成这些角度来看，教师适当地为孩子们提供这样的机会正是对他们最大的帮助。

图5.8 平板电脑也可以用来练习乐器

打造自主、交互和深度的探究型学习

通过内容培养素质和能力

信息与通信技术的主要优势在于随时可以检索大量信息。养成一遇到不懂的事或想要知道的事就立刻去查的习惯，并掌握准确检索信息的能力，这是“在信息化加速发展的社会5.0时代所要求的”最基础、最通用的学习能力之一。因此，希望学校能够创建一个能够实现这个目标的日常教学体制。

这很可能会让课堂教学的方式发生很大的改变。让我们来看这样一个例子。虽然它是一个中学的例子，但是这种教学思路也一样适用于小学。

这是初中二年级的一堂讲《北海道农业》的社会课。教师在这一个小时的课堂上讲了北海道利用广阔的土地资源发展大规模农业生产，为了提高工作效率使用大型机械作业，除了大力种植适合寒冷气候的作物外，还利用适宜牧草生长的气候特点积极发展奶酪畜牧业，以及北海道的牛奶产量占全日本一半以上等内容。教师提供丰富的学习资料，并以此为基础向学生们提问，然后再让他们进行预测或分组讨论，这正是近年来的标准讲课形式。

然而，当一名学生在课余时间试着在电脑上搜索“北海道农业”时，他看到了一个名为《北海道农业》的“学校放送”（NHK for School）的视频节目。时长为2分53秒，图文并茂，信息丰富。“内容简单易懂，制作非常精良，用这个学起来会比较快”，这是孩子对视频内容的真实感想。我这样说虽然会冒犯到教师，但可以肯定的是，如果让孩子们拿着教科书，一边认真做笔记一边按自己的节奏反复观看这个视频，那么所有人肯定都能在更短的时间内学到比刚才更多的知识。“这样的话，我就没什么可教的了”——教师会这么想也是可以理解的。可是这就是信息社会。孩子们已经生活在这样的环境里，并且还将一直在这种环境中生活下去。我们应该接受这个事实，并以此为前提，去审视并改进自己的教学方式。这样你就会发现“我可以教的东西”还有很多。因为在孩子们对北海道农业有了一定的了解后，他们会产生各种各样的疑问。

比如虽然北海道的农业规模在日本国内是首屈一指，但从世界范围来看却并非如此。为什么会这样呢？这是一个需要去翻阅更多的资料，运用各种数据，从地理、政治、经济、历史等角度进行探讨和阐明的学习问题。

如果给一个提示，那就是2019年英国的耕地面积为175,213平方千米，法国为286,212平方千米，相比之下，日本却只有43,970平方千米。户均耕地面积的巨大差异主要是受适合耕作的平原面积的影响。日本的地形以山地为主，森林覆盖率高达67%，即使是给人广阔印象的北海道，其实也有71%的面积是森林。在了解清楚这些情况后，再重新去看欧洲各地的照片和视频，学习不就变得有趣起来了吗？当然，“一人一台电脑”在这里也能派上大用场。

有的同学可能会心生疑问："就算有这些地理方面的原因，日本的户均耕地面积是不是还是太少了一点？"嘿！这不正是我想要培养的"能带着疑问"去学习的学生！对于这个问题，我们可以从政治、经济和历史等方面来进行思考。这也正是社会课特有的多方位、多角度学习。也许你会疑惑："明明学的是北海道农业，为什么要把范围扩大到这么广？"了解北海道的农业情况固然重要，但如果能通过这个案例从社会学角度提出更深层次的问题，并运用各种材料和数据进行预测和验证，会让学习变得更有意义。

这就是学习指导要领所追求的"通过内容培养素质和能力"的一个典型例子。这么说来，我们何不将"利用信息与通信技术，通过包括事先在家观看视频的'翻转学习'在内的学习方式，让孩子们快速了解学习内容，然后在此基础上开展深度学习"作为学习的标准流程呢？一人一台电脑真的是大大提高了实现主动、交互和深度学习的可能性。

开展拓展学习

此外，我们还可以向其他方向开展更深入的研究。比如，北海道生产的牛奶约有七成会被加工成黄油、奶酪等产品，尽管如此，在产奶高峰期每天仍然会向日本关东地区运送100万升生鲜牛奶。那么，用于运输的手段是什么呢？其实，要想用最经济的方式远距离运送大批量重物，船运是最佳选择，虽然这会花费较长的时间。

北海道的农业协同组合联合会，即“北联”，拥有两艘专用货船，名为“北联丸”，它们每天高速往返于钏路港和茨城县日立港之间，运输距离约1000公里，大约花费20个小时。这些信息可以在“北联”的官方网站上找到，专门用于装载生鲜牛奶的罐车从道东各地汇聚到钏路港，然后直接上船，这一场景令人印象深刻。

这种学习方式无疑会让大家对农产品流通的重要性留下深刻印象。这时我们一定要趁热打铁，再举一个与农业和流通相关的案例，让大家就此展开探讨，从而引导大家朝着更深入、更系统的概念性理解迈进。

冲绳和北海道一样，与东京圈和关西圈等大城市也是相距甚远。不过，因为小菊花很轻，所以主要都是用飞机进行运输。可即便如此，人们还是会想办法通过缩短植株高度、调整货柜尺寸等方式去降低运输成本。另外，在需求高峰时期仅靠定期航班是不够的，人们还会采用包机运输的方式，只是相对偏高的价格一直困扰着生产商。冲绳小菊花的出货难就难在市场需求过于集中在“春分周和秋分周”这一特定时期，为了解决这个问题，人们在采用航空运输的同时，还会用保鲜集装箱进行船运。

顺便说一句，“学校放送”也有一个关于小菊花的视频节目，名为《适宜在冲绳栽培的农产品》，而一人一台电脑可以让大家轻松查到很多类似的有趣事例。当然，最重要的还是查完之后要怎么做。如果在课堂上将这些有趣的事实与“北联丸”的学习联系起来，那就会让孩子们对农业和流通之间的关系有一个更普遍、更基本的理解。

此外，探究铁路、公路等其他运输手段的特点，以及它们与哪个地区的哪种农业有着怎样的关系，这些都是非常有意思的。举个比较特殊的例子，受新冠疫情的影响，高速客运列车的载客量急剧减少，各地开始尝试用列车上的空座位来运送新鲜的水果和蔬菜。有一段节目视频拍摄的就是用西武铁道的特快座椅运输埼玉县秩父地区早上采摘的麝香葡萄，然后在池袋的百货商场以每串2000日元的价格出售时的情形。这个事例应该也可以用来作为课题设定学习。

社会课一直被视作是一门“死记硬背的学科”，然而，社会学本应是一门在与各种各样的人合作的过程中，对建设怎样的社会并采取怎样的行动进行思考的学科，又怎么可以一味地“死记硬背”呢？而造成这种不合理现象的最大原因是大家在传达对社会进行深入思考和行动的基础信息上花费了过多的时间和精力，以至于没能让学习向关键的下一步发展。因此，正是这样一个从始至终都在传达信息的课堂让社会课被误认为成了“死记硬背的学科”。

不过，一人一台电脑可能会极大地改变这种现状。当然，这种改变并不仅限于社会课，它也能让学生在其他学科学习中更快、更准地获取信息、确认事实。于是大家便能更深入、更专注地参与到学习中去，或者说才能让学习向着更系统的方向发展。

当然，这也就要求教师对各学科的本质和“思考角度与思维方式”有更深的洞察和广博的见识。虽然会很辛苦，但也不必太过担心。如果在努力钻研的过程中遇到了不懂的地方，只要像第三章中说的那样，作为“第四十一位探究者”，和孩子们站在同一角度去逐个地深入学习即可。教师必须从“教师必须无所不知”“不事先知道就教不好”这种僵化的思维定式中摆脱出来。以身示范如何做一个优秀的学习者，这将会成为未来教师的重要职责。

实现打破时空界限的连贯学习

由“物”到“事”

前面一直都在讲一人一台电脑，但是其实比硬件更重要的是用户账号。只要有了账号，就可以在云上进行存储，访问各种云上的系统和程序。这意味着只要登录了自己的账号，我们就可以在任何终端设备上使用自己的数据和信息。

比如，只要在家里的电脑上登录自己的账号，然后把文件存储到云端，第二天就可以在学校的终端设备上进行下载，并将它提交给教师或者介绍给朋友。另外，如果将个人的文件全部保存在云端，那么即使设备终端发生故障，也可以登录备用设备，读取之前编辑的数据，继续学习。

这种以账号为主、硬件（终端）为辅的关系，正好象征了正在由“物”向“事”转变的当今社会。一直以来，我们都是通过购买汽车这个“物”来完成自由前往远方这件“事”。可是现在的人不再买车，一种通过共享来获取移动手段的共享汽车概念正在迅速普及。由此我们也可以更好地理解，无论是社会5.0还是可持续社会，它的社会构成原则都会由“物”

向“事”转变。就算没有“物”，也可以完成要做的“事”。通过对账户的正确管理来体验和理解这一点也是“GIGA学校”理念的目标之一。而“一人一台电脑”正是一个感受作为未来社会基础的信息环境特质的绝佳机会。

课堂学习与居家学习的综合提升

这种不依存于“物”的做“事”之道，让我们摆脱了场地的束缚。东京的鹰南学园三鹰市立东台小学对这种不局限于学校或家庭的连贯学习十分重视，并从图5.9列举的4个视角对其进行了实践研究。

视角3的“翻转学习”旨在通过居家预习来提高课堂合作学习的效率，并进一步丰富学习的内容和形式。比如让学生居家观看视频节目《北海道农业》，把要点总结在活页练习题上，布置这样的家庭作业正是为此所采取的举措。于是，原本这部分课堂活动需要教师在课堂导入阶段花50多分钟，要将孩子们分成双人或多人小组，并带着他们对活页练习题内容进行确认，现在应该只需10来分钟便可完成。

视角4的“补习与巩固”是一项旨在利用电脑人工智能题库或视频观看等独一无二的优势来巩固基础学习能力的举措。不过，这些都是一些一直都在被广泛实践的举措，与之相比，视角1和视角2应该会更有趣。

视角1提到的在家做总结和回顾，不仅是为了加深孩子们对经合组织等视作学习能力重要构成要素的反省的认识，也是为了培养他们的学习习

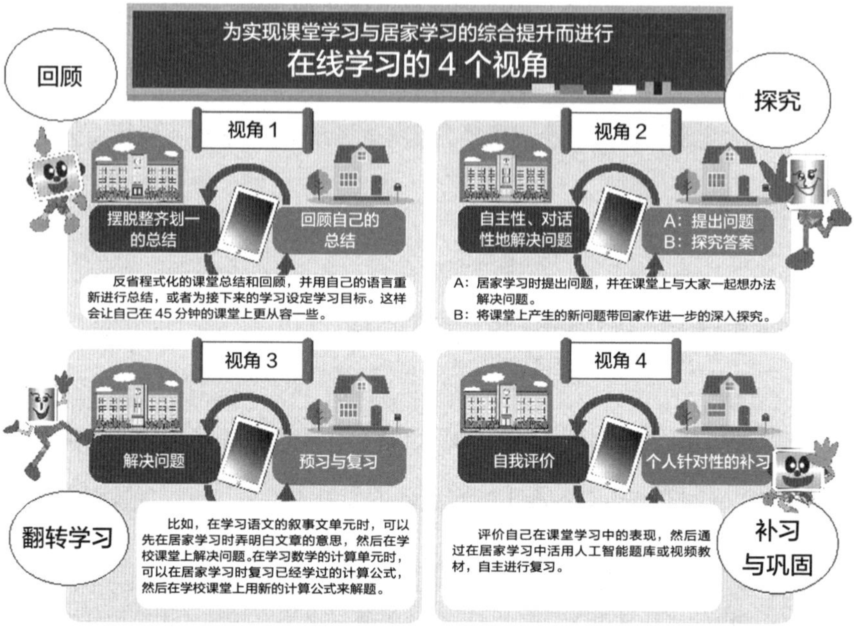

图5.9　活用在线学习的4个视角

（资料来源：《2020年东台小学混合型学习研究论文简介集》）

惯。虽然其中有一部分是全体学生都应该掌握的内容，但如果孩子们能够各自深入地去思考今天的学习对自己的意义，并用自己的语言将它表达出来，那么他们便会对学习越来越上心。

在回顾的过程中，有的孩子会想要对今天课堂上产生的疑问做进一步的深入思考，并且会为此展开调查。这也正是视角2“探究”所预期的发展动向，为的就是以此奠定孩子自主开展课堂活动的基础。

回顾的内容会立刻被大家上传给教师，于是班主任当天就能知道孩子们对课堂内容的反思和看法。如果在课堂上问孩子们“明白了吗？”，他们大抵都会回答“明白了”，但其实里面很可能就有“不明白”的孩子。另外，学生就算在课堂上觉得自己已经理解了，可是等到回家重新翻看笔记时，很可能就会发现不理解的地方。从对待学习的诚实度和细致度来说，孩子和教师都要认识到这一点，同时，孩子也要及时地将自己的情况告知教师。于是教师便可以根据孩子们的理解情况来适当地调整第二天的教学内容，并且教师也应该这样做。这是一种教学与评价一体化的新模式。

累积起来的回顾将成为我们进行期末综合评价的重要依据。与此同时，我们也应该给孩子们一个回顾本学期学习的机会。还有另一种做法就是让学生和教师共同讨论自我评价结果，并在双方达成共识的情况下，把它加到综合评价中去。

以一人一个账号的教学模式为基础，打破时空的界限，将学校的合作学习和居家的自适应学习结合起来，使之成为一种连贯的、个性化的学习，也为主体式、对话式的深度学习打开了新视野，让它可以更加立体地蓬勃发展。

关于将电脑带回家以及在其他设备上使用学校账号等问题，当地的教育委员会和各学校早已从各种角度进行了讨论，在与孩子及其家人对基本的规则和常识达成共识的基础上，采取了像对信息加以过滤等必要措施。

尽管如此，还是会产生一些始料未及的问题。如果为了避免问题的发生而加强限制，很多活动便会无法开展，那么好不容易才导入的电脑也将无法起到拓展和促进学习的作用。此外，孩子的信息环境也可能会因与现实社会脱节而变得扭曲、不健全。考虑到这一点，与其对信息与通信技术评头论足，不如去思考如何教孩子们正确活用信息与通信技术。

另外，还有一条基本的教学原则，那就是不要以信息与通信技术不会出问题为前提来开展教学活动，而是应该事先确立一个应对可能出现的问题的基本方针，并在校内展开认真讨论，让大家对方针内容有充分的了解。

此外，从教学的角度来看，引导孩子积极思考的预防性方法也同样有效。其实，预防效果最好的方法就是让孩子们通过电脑获得可尽情实现自己想要的学习和想要的生活的丰富体验。因为孩子们从这些体验中所形成的对信息与通信技术的印象，会让之后的一切自然地朝着积极的方向发展。因此，我想把学校打造成一个可以让孩子尽情挑战自己真正想做的事情的地方。在这样的地方，学校会为孩子们提供实现理想的自我的机会，会为了让大家能够切实感受到信息与通信技术给他们带来的各种帮助而制订教学计划，并会不断完善信息与通信技术的利用环境。

立冬。六年级学生和项目负责教师的联席会议，五年级学生将作为观察员坐在后面一同参会（讨论明年“自由学习”项目的运营）。

第六章

重新思考教师的专业性

教师角色与职责的转变

围绕自适应学习与合作学习的综合提升，我们在第一章介绍了天童中部小学采取的各种举措，并重新审视了构成孩子自主学习基础的儿童观，从第二章到第五章，我们对作为实践策划原理的自主学习、环境教学，以及作为新教学工具的信息与通信技术的可能性做出了认真的思考。

从中我们可以看到从根据教师的安排和时间来教到根据孩子们的情况和时间来学的转变。而学校教学现在也正在从以教师传达信息为主的方式向由孩子们创造意义为主的方式转变。

这里最重要的就是教师应尽的职责和存在的意义。天童中部小学呈现出的学习场景和孩子们的身影已经向我们证明了所有孩子都是有能力的学习者，只要遇到合适的环境，他们便会主动融入其中，在与环境的相互作用中自主深入学习。而在学习开展的过程中，教师通常不会站在孩子们前面。那么这时候教师应该做的是什么呢？学习能力较强的孩子们会问出这样一个问题：“教师存在的意义是什么呢？”

当然，新晋成为主要教学方法的学习环境创设、比以往任何时候都重要的对孩子的理解，还有为孩子提供及时的单独辅导，这些都是教师要做的重要工作，而且都需要高度的专业性。

然而，当教师站在孩子们面前时，他们会做些什么呢？正如我在第一章确认的那样，即使是一直在进行教学改革的天童中部小学，也有80%的课是由教师站在黑板前来教的。可即便都是合作学习，教师站在前面时的合作学习与由孩子们自己进行的“自学与自习”又会有什么区别呢？

在天童中部小学名为“师生合作教学”的实践活动中，教师应该计划并实施怎样的教学指导？教师需要具备怎样的专业性？这些问题我都将放在本书的最后来进行思考。

具体来说，我首先邀请了天童中部小学的大谷敦司校长，以及熟悉该校实践研究的齐藤一弥教师和佐藤卓生教师就今后时代需要的教师专业性，根据他们各自的教学经验给出了具体建议。讨论的话题包含像“教学宗旨和问题意识”“各学科本质”“教师应该展现的专业性”“钻研学习的孩子们”等不常见的内容，讨论不仅仅是实践介绍或教学方法分享，而是想要通过真实的教学案例，去直面“什么是教师的专业性”这个问题。

接着，我和三位提出实践活动方案的教师一起以座谈会的形式进行了自由讨论。

最后，我还请来了四位肩负着推动天童中部小学的发展重任，并将继续开创山形县乃至整个日本教育发展新未来的年轻教师，让他们畅所欲言地讲述了自己开展自适应学习与合作学习的心得体会，以及作为教师对今后教学工作的展望和抱负。

实践活动方案1　小学语文课三年级

一起去寻找、去创作自己喜欢的诗吧！

佐藤卓生

教学目标和问题意识

日本诗歌通常是指现代诗、当代诗，但有时也会泛指所有的韵文艺术，包括短歌和俳句，其形式和风格其实是多种多样的。不过总的来说，诗歌中的词都是有寓意的，通常包括感官、情感、想法和思想等方面。在故事中，我们可以根据上下文语境去推测词语的寓意，但诗歌往往很难找到上下文的语境联系。

我认为孩子读诗歌应该是在理解了诗句含义的基础上，调动所有的感官、情感、思想和经验，在自己的内心构筑一个作品世界。除了教师教的诗歌，大家还可以根据自己的学习经验去图书馆翻阅资料，找出自己"最喜欢的诗歌"，这种活动不仅能够让孩子通过诗歌和文字去重新发现自我，也将成为他们对诗歌和文字的意义价值进行认知更新的一个契机。

这个单元是从阅读光村图书出版的教科书（三年级上册）上的《我和小鸟和铃铛》《夕阳伴我回家》，并进行意见交换开始的。考虑到孩子们会根据自己的想象来表达各自不同的感想，于是我决定让孩子们先认真倾听对方的感受和情绪，并与大家进行意见交流。然后我会在最后把本单元的学习目标“寻找自己喜欢的诗歌”告诉大家。这样一来，每个学生就会去认真寻找“自己喜欢的诗”，找到后将它摘抄在优质纸上，并配上插图和评语，然后再把它张贴出来。

各学科的本质

这是一件发生在我当一年级班主任时的事。学生A在早会上讲了这样一段话：“前几天，妈妈让我把门口的鞋子摆整齐，于是我就大声地回了一句：‘我正要做呢！’哎，我真的很爱我的妈妈，但我又总是会和她顶嘴。”

学生B听完后举起手说：“我可以说两句吗？”“我也会跟妈妈顶嘴。不过我是因为喜欢妈妈才跟她顶嘴的。不是‘但是’，而是‘因为’。我才不跟不喜欢的人顶嘴呢！”

听完他的发言我恍然大悟。学生B是一个不擅长和朋友打交道，时不时还会和别人发生矛盾的孩子。因为学生B过去的经历，也就是他有过因与非亲密关系的人在情感表达方面闹过矛盾，以至于无法与外人建立良好关系的经历，所以他才会说出“我才不跟不喜欢的人顶嘴”这样的话。

学生A和学生B都知道“顶嘴”在字典中是“反驳长辈”的意思。但是，他们会结合自己的经历，对这个词原本的意思做出全然不同的理解，一个是“一不小心的固执己见”，而另一个却是“只能对真正向自己敞开心扉的人做的事”。这件事引发了我的思考：在每个孩子内心的“语言”和“经验”之间，是不是存在着一个极具个性的世界？

我认为在思考语文教学时，就必须从这样的视角来理解孩子。也就是说，应该以固有的感受、情绪和经验为基础，去理解孩子的内部言语领域，即从感叹词或尚不能被称为“词”且很难确切地说是“语言”的水平，到可以直接用语言表达，能够被他人完全理解的水平的所有“语言”，并构建起能让这个语言领域变得更加丰富的教学模式，这一点非常重要。此外，要想让内部言语领域变得更加丰富，孩子们必须在学习过程中掌握与“语言”相关的“知识和技能”“思考力、判断力、表达力”等。

在本单元的学习中，当孩子们以“最喜欢哪部作品？”的视角去阅读和比较教科书里的两首诗时，他们会用“我喜欢”这种明确的语言（显性知识）去表达自己对作品的感官印象（隐性知识）。不过，此时应该有很多孩子会想：“没准还会有我更喜欢的诗呢！”于是，他们会在关注作品的语言表达的同时，萌生出寻找自己真正喜欢的作品的想法，并积极付诸行动，去“寻找自己喜欢的诗”。而这种一边斟酌感官上（隐性知识）喜欢的“作品表达”，一边思考“喜欢”的理由（显性知识）的过程正是语文教学的本质之一，而这个过程也能让内部言语领域变得更加丰富。

应当发挥的教师专业性

以谓语为中心的句式结构、多用省略句表达、单词通过语法连接等被视作是“内部言语”的特征。但我认为孩子之所以能够进行流利表达，是因为他们的内部言语领域已经得到了一定程度的整理和构建。就算这些内容没有被表达出来，孩子其实早已在认知上对它们有了形式性的理解，即使他们用语言将这些内容表达了出来，也不过是把内部言语领域已经生成的稿件读出来而已，因此，对于丰富内部言语领域来说，这可能还不足够。

因此，我们首先要对“当孩子接触到这些学习资料时，他们的感受、情绪、思想会产生大幅波动的内容和时期”做出预判，然后在此基础上制订教学计划。在教学开展过程中要对感受、情绪、思想等产生大幅波动时孩子的状态有清楚的认识，为了让孩子能够确认自己的变化，我们应该适当地设置停顿时间。

此外，因为孩子在这段停顿期所说的话很多都是还没想好、还没理清头绪的话，所以会说得不太流畅，会经常犹豫、重复或者中途沉默。面对这种情况，我们有必要通过反问等方式来帮助他们进行语言表达。

像这样，用语言将在感受或情绪层面感知到的东西表达出来，将原本零散的直觉意识组织成有逻辑的思考的过程中，孩子的内部言语领域会变得越来越丰富。

为了给孩子们提供这样的支持和帮助，我们必须对孩子和教材做出充分的理解和研究，这一点毋庸质疑。不过，考虑到孩子和教材的关系是不断变化和发展的，所以我们也应该不断地去重新认识和了解孩子和教材。

钻研学习的孩子们

在本单元的学习中，我们最先开展的教学活动是给孩子们看教科书上的两首诗，然后让大家从中选出一首自己喜欢的作品并写下自己的感想。随后，我们就这些感想进行了讨论，并进行了学习展望的讨论活动。

在讨论过程中，孩子C第一个发言："我最喜欢这首《夕阳伴我回家》。因为这句'再见，再见'不仅读起来很有节奏，而且画面感也很强。"对此教师反问道："你说的画面感指的是什么呢？"学生C在沉默了长达一分多钟后，结结巴巴地说："因为我在回家的路上也遇到过这种情况，《夕阳伴我回家》这首诗真的会给我一种傍晚将至的感觉……是一种非常不可思议的感觉……"于是，教师追问道："也就是说，这首诗让你回想起了曾经经历过的场景，是吧？"学生C点了点头。其实当时那节课上有十几个旁听教师。因此，我们也可以将学生C的沉默和结结巴巴的说话方式理解为紧张的缘故。但是，他在当天的日记中是这样写的："今天的语文课来了很多人，我是第一个被老师叫起来回答问题的。不过我当时一点都不紧张。我还向大家解释了'画面感很强'这个一开始并没有写在笔记本上的感受。"从这里我们可以看出，正是教师那句"你说的画面感指的是什么呢？"的反问唤醒了孩子，让他将自己内部言语领域里的感官感受"画面感很强"与自身的生活经验联系了起来。另外，我们也可以看到孩子们是可以从形式认知上去表达自己的感官感受的。

学生F说："因为《夕阳伴我回家》里的那句'我们也要不服输地怒

吼’给人一种‘一决胜负’的气势，所以我更喜欢这一首。”于是学生E问道：“那你觉得《我和小鸟和铃铛》这首诗怎么样？”学生F回答说：“我对《我和小鸟和铃铛》没什么感觉……”教师马上反问道：“你说的‘没什么感觉’指的是什么？”“没什么感觉就是……嗯……”学生F支支吾吾半天说不出话来。学生F因为学生E的一句反问，意识到了诗对自己来说可分为“喜欢”和“没什么感觉”两种。然而，教师的反问却没能让学生F弄清楚自己为什么会没有感觉。

讨论就这样继续进行着，临近下课的时候，教师问孩子们：“大家的感受似乎都不太一样，那么接下来我们该怎么办呢？”于是，在讨论期间经常会问“你说你最喜欢的是某某，那另一个呢？”的孩子E说道：“书上这两首诗好是好，不过，如果去图书馆找的话，应该还能找到自己更喜欢的诗，所以我想去图书馆找找看。”于是，教师就问孩子们：“大家都同意这样做吗？”在刚才的讨论中表示“没什么感觉”的学生F说：“我还是觉得自己创作的诗才是最好的，所以我想在图书馆阅读了各种各样的诗歌后，尝试自己写诗。”虽然在刚才的讨论中，学生F没能说清楚“诗对自己来说‘没什么感觉’是什么意思”，但是这使他在这次学习中萌发了问题意识。同意学生F意见的孩子还有5~6个。于是，教师对最初的计划做了一些调整，将这个单元的题目定为“一起去寻找、去创作自己喜欢的诗吧！”。

由于有些孩子想去找诗，有些孩子想要创作，课堂发展并没有按照原定计划进行，所以我决定让孩子们各自用4个小时为自己制订一个学习计划。在制订计划阶段，学生G来找我说：“能去寻找自己喜欢的诗是件好事，但我希望在找到之后能有一个和大家一起讨论的时间。”我问他：“你为什么还想和大家一起讨论呢？”他回答说：“因为我认为这样做可以确认和拓展自己喜欢的范围。”于是我说：“好吧，那你征求一下大家的意见，要是大家都同意，我就给大家留出讨论的时间。”学生G在听完我的话后，就去向每个同学说明了情况，成功地说服大家将讨论纳入了1小时计划当中。

然后，孩子们按照各自的计划，与轮值使用图书室的当值班级的班主任商量，去图书室寻找自己喜欢的诗，并在此基础上创作自己的作品。下面是一个学生自己制订的具体学习计划。

9月8日（星期三）		
	第一节课	**第二节课**
任务	去图书室找到金子美铃的诗，然后从中找出自己喜欢的。 给喜欢的诗编上号，并将诗的标题记在笔记本上。	将喜欢的理由写在笔记本上。写完之后检查有没有写错的地方。
注意事项	要带上字典，因为可能会遇到不懂的生词。 事先查好诗词类书架的位置。	要用削好的铅笔认真地写。
任务目标	（√）找出自己喜欢的诗，并给它们编上号，然后将它们的标题写在笔记本上。	（√）用大家都能听懂的语言将具体理由写下来。

像这样，每个孩子都会在笔记本上制订自己的学习计划。这个孩子是想从金子美铃的作品中去找自己“喜欢”的诗。从“要带上字典，因为可能会遇到不懂的生词”等内容可以看出，孩子对自己的学习是有具体设

想的。

之后，大家像学生G提议的那样展开了讨论。在讨论过程中，曾在制订学习计划阶段说过“没什么感觉”的学生F说：“我现在知道了，原来我喜欢的是写日常生活的诗。所以我创作的也是以生活为主题的诗。”然后还在课堂上朗读了自己写的那首关于“饮食”的诗。

学生F之前在读完这两首诗后说过，因为《夕阳伴我回家》给人一种“一决胜负”的气势，所以更喜欢这一首。我认为这正是他对这首诗的一部分表达所发表的感想。可当学生E问他对《我和小鸟和铃铛》的印象时，他的回答是：“没什么感觉。”这不正好可以说明他已经意识到自己是从“喜不喜欢”的角度看待诗歌了吗？我认为从这里也可以看出，学生F对诗歌的思考已经开始从局部向“自己是如果看待诗歌作品的？”这种整体的方向发生着转变。另外，对于教师提出的“你说的‘没什么感觉’指的是什么？”这个问题，学生F当时并没有做出明确的回答，于是这就培养了他的问题意识。在个人探究的第一节课上，学生F在图书室里读了各种各样的诗，然后还自己写诗，并且还认识到了原来自己喜欢的是以日常生活为主题的诗。我认为正是这个大量读诗、写诗的过程才让他对诗以及对自己看待诗的角度有了更深层的认识。可以说，学生F这一系列的学习正好展示了他的内部言语领域不断得到丰富的变化过程。

该单元原本的教学目标是通过诗歌阅读，和用语言表达当时的感受、情绪、思想等活动，来丰富孩子对诗歌和语言的认知。但是最终，通过与教师和同伴的互动，或通过寻找和创作诗歌等活动，每个孩子都像学生F

一样，不仅弄明白了自己喜欢的诗歌作品的优点，还对自己看待诗歌的方式有了清楚的认识。这是一种超出原本预期的深层学习。另外，我还惊讶地发现有不少孩子在听完同伴对诗歌的理解后，又重新回到图书室，打算从不同的角度去进行诗歌阅读。在各自制订学习计划的阶段，有的孩子考虑到“与同伴讨论有助于确认和加强自己对诗的理解”，于是便不会一个人孤军奋战，而是会把与同伴讨论纳入到自己的计划中来。并且，他们的计划得到了所有同学的一致同意，这也是在我预料之外的。孩子们的举动让我再次认识到，所谓的学习个性化并不是与他人隔绝的孤独作业，而是一种有利于提高合作能力的学习模式。

实践活动方案2　小学数学课四年级

比值计算

齐藤一弥

教学目标和问题意识

这是某堂课的课堂场景。教师说：“这里有一个A长为60厘米和B长为20厘米的图。因为想把这个图张贴到布告栏上，于是我把B拉长到了40厘米。当我把A的图也同样拉长20厘米时，A就变成80厘米。”如图6.1所示。

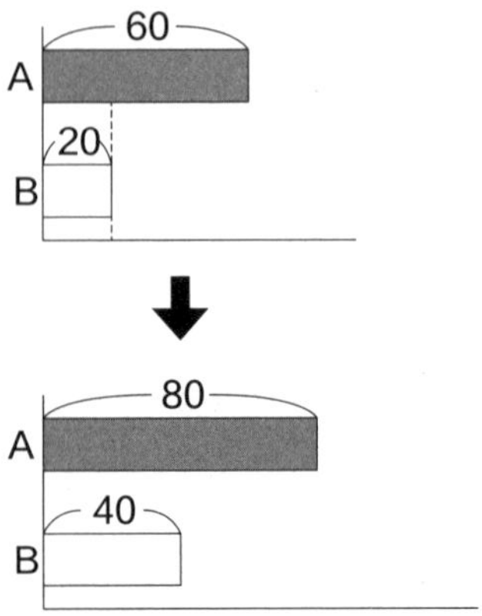

图6.1

当教师问孩子“这样把图拉长可以吗？”时，孩子们纷纷指出：“这个图是错的。”于是教师反问道：“为什么说这个图不对？”孩子们就像下面这样，从“比”而不是“差”的角度开始对这里的问题进行解释。

现行的学习指导要领中新增了四年级数学的“简单情况下的比值计算”（用整数表示时）。之所以增加这部分内容，是因为五年级“比值”的教学效果不太好，为了给五年级的学习打好基础，于是决定提前一年导入比值的概念，对孩子们进行系统教学。可是，孩子已经在用“比值”做着解释。根据A与B的长度比，会发现后图中二者的关系与原图是不一样的。而且通过用图来表示出A与B增加了相同的长度（等差），准确且直观地呈现出了后者与原图关系上的不同。

基准量、比较量以及比值（倍数）与之前教的乘除法密切相关，虽然它在四年级的定位只是“简单情况下的比值计算”，但内容却并不简单。不过，从上面的课堂实践我们可以看到，只要提供一个可以运用已学知识，从一方的大小去把握另一方的大小，并根据二者的关系来进行思考的课堂环境，孩子们自己便会懂得如何运用“比值”来解决问题。

图中A和B的关系可以用下面的公式来表示。

放大前的关系以B为基础，A = B × 3，换句话就是，60 ÷ 20 = 3

而拉长后的关系则变成了A = B × 2，换句话就是，80 ÷ 40 = 2

因为前面的A是B的3倍，而后面的A却是B的2倍，由此可以得出拉长后的图是错误的。

各学科的本质

为了保证孩子能够切实理解“比值”这个概念，在现行的学习指导要领中，四年级数学里有三处提到了与“比值”有关的内容。

于是，我根据五年级学不好比值的主要原因，结合前后两个年级的教学衔接情况，将需要改进的内容定位如下。

- 没有完全理解乘除法概念→通过除法运算的学习，理解求基准量、比较量以及倍数（比值）的计算方法
- 倍数的拓展和比值的教学没有关联→在小数教学中，通过小数的倍数来理解比值与倍数计算的关系
- 倍数与比值的关系不明确→列举比值为整数时，理解比值与倍数计算的关系

要从数量关系（比值和倍数）着手，以综合发展的“数学的思考角度和思维方式”为基础，让孩子理解比值与之前学过的内容，特别是与除法的商之间的关系，并且要重视孩子对概念和内容等的系统性理解。

《小学学习指导要领（2017年）说明（数学篇）》

A 数字和计算

（3）整数的除法

a（b）除法计算

……从“基准量”“比较量”求“倍数”时会用到除法。此外，……从“比较量”“倍数”求“基准量”时也会使用除法。

（4）小数的结构和计算

a（a）小数的倍数

告诉学生“小数可以用来表示某个量的倍数”，帮助大家理解“基准量为1时对应的数”这一扩展的“倍数”的概念。

C 变化与关系

（2）简单情况下的比例 (※新设)

a（a）简单情况下的比值

用比值比较A和B这两个数量的关系，指的是以两个数量中的一个，比如以B为基准(基准量)，用A÷B的商来比较A相当于B的多少。而这个数字(商)就是比值。也可以说，表示比值的数是以基准量为单位的比较量的测定值。

应当发挥的教师专业性

那么，为了能够从比值的角度对前面的图做出说明，我们要如何将二者关联起来呢？

在教科书的“用除法求倍数”部分有这样一道例题：“有一对豹母子。母豹的体重是小豹的6倍，即72公斤。请问，小豹的体重是多少公斤？”

如果用数轴来表示，其关系如图6.2所示。

这是一道用72÷6得出小豹体重为12公斤的问题。在这里，教师让孩子们设想未来，通过小豹的体重增长到母豹的体重（72-12=60公斤）对“差”进行了确认。

在确认完小豹长大后体重增长了60公斤，是幼年时的6倍后，再拿出下面这张图（图6.3），并提问：“隔壁家的豹母子体重也相差60公斤。如果小豹的体重是10公斤的话，母豹就是70公斤，请问这种情况下母豹的体重也是小豹的6倍吗？”在这种情况下，答案就变成了7倍。

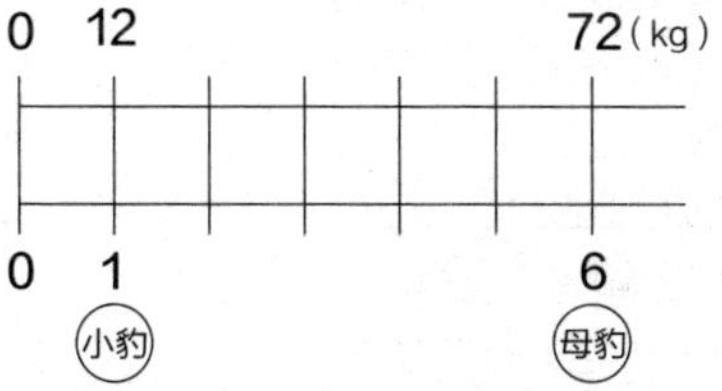

图6.2

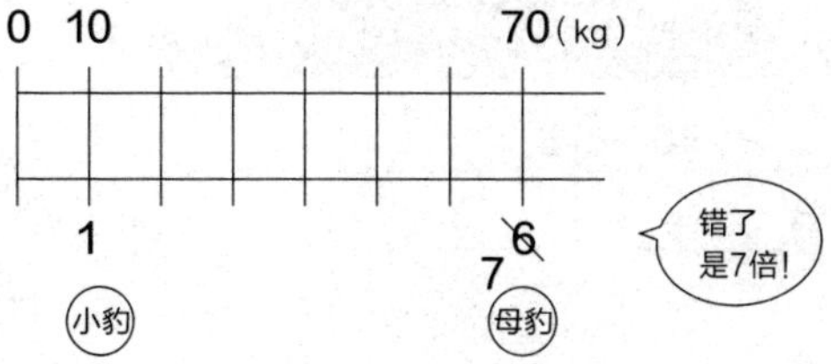

图6.3

在用数轴来表现数量之间的关系的同时，将比较的角度从“差”转向“比值”，指出虽然同样是相差60公斤，但因为它们的比值不同，所以答案并不是6倍。

只要事先弄明白了差异是由基准量和比较量的不同造成的，孩子今后就会把这个知识点当作已学知识来用。通过用“从比值看关系”这个已学知识来解题的经验调动起大家对“比值”的“作用”“功能”“优点”等的兴趣，然后引导大家对该知识点做进一步深入的理解，这一点是我们在教学中最应该注意的。

教师必须时刻对学习的发展做好预判和准备，要明白现在所学的内容与今后要学的哪些知识点有关联，有什么样的关联。虽然教科书里的单元都是经过精挑细选的高品质内容，但它们是否正确，排列顺序是否合理，教学方法是否适合孩子又是另一回事。我们不能照本宣科，而是要在活用教科书的基础上寻求最优的教学方法。

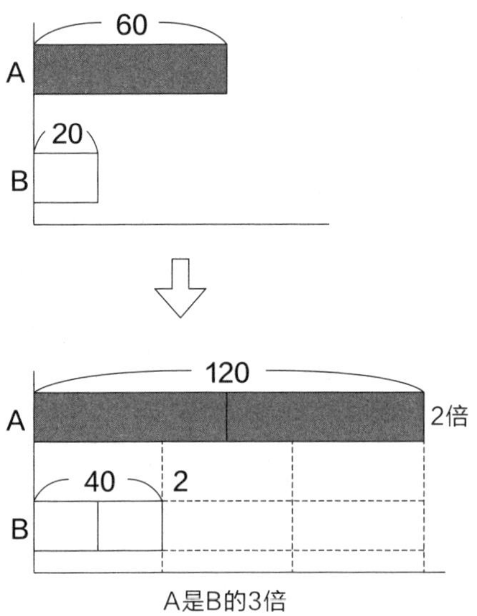

图6.4

让我们再回到之前的图表问题。究竟如何才能画出正确的图表呢?

“既然B是原来的2倍，那么为了让A也变成原来的2倍，应该将其改成多少厘米呢?”面对教师的提问，孩子们的解答是：“A的2倍是120厘米，所以必须拉长60厘米”，并且他们还注意到了

120和40的关系，“120是40的3倍”，他们已经开始用“倍”这个概念来做出说明（见图6.4）。

一个专讲两个量之间的关系的课堂能为之后五年级的“(两个同类量）比值”以及六年级的“比”打下良好的学习基础。另外，还可以把改画图表当作是“放大图、缩小图”的制作。也就是说，60∶120等于20∶40，20∶60等于40∶120，它们之间的比值是相同的。

从这个意义上来说，在四年级学习“简单的比值问题”是非常重要的。不过，为了攻克这一难关，我们必须从低年级的二年级、三年级开始就有意识地对乘除法和分数进行系统教学。

钻研学习的孩子们

这是用三年级学过的柱形图来表示“关于受伤地点的调查结果”的场景。

图6.5　最初展示的柱状图A

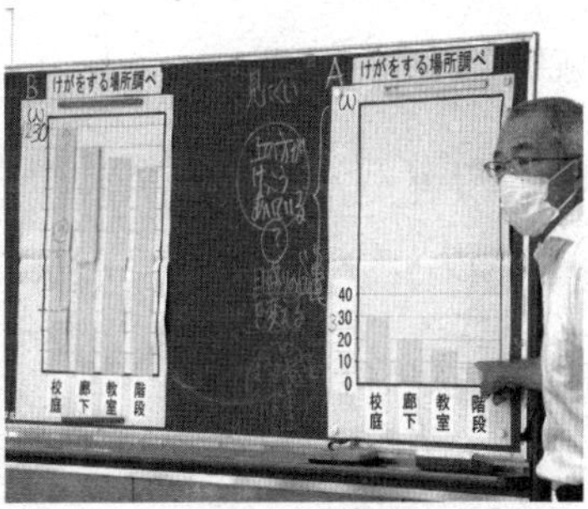

图6.6　左侧是拉长了9个刻度的柱状图B

调查地点一共是四个，首先是要确认每个地点受伤人数间的比值关系，然后因为柱状图A里有大面积的空白，且各项之间的大小关系也不明确，所以我们把教学课题设为拉长柱状图里的柱长，让柱状图更加直观易懂。大家在三年级已经学过“通过置换刻度来提高图表的直观性”。在这里，我们可以用比值来说明当时学习的意义。

教师置换了柱状图的刻度，制作了一个将操场项拉长9个刻度的柱状图B。当教师如法炮制地将走廊、教室、楼梯的柱子也同样拉长9个刻度时，却遭到了孩子们的反对：“图里的柱子拉得太长了。”

之后，大家以操场数据为基准，重新置换了刻度，结果发现柱状图里走廊、教室、楼梯的数值都是错的，由此可以确定，单纯套用将操场项拉长9个刻度的做法是错误的。

接下来，孩子们按照新置换的刻度开始制作正确的柱状图C。“因为如果把操场的原柱状图A的长度设为①，那么现在的长度④就是原来的4倍，所以其他项的柱长也应该拉长到原来的4倍”，孩子们就这样一边确认情况，一边制作图表。因为这些都是已经学过的内容，所以一切进展得十分顺利。

新柱状图C做好后，大家决定将它与原来的柱状图A进行比较。虽然两份柱状图看起来的确很不一样，但是没关系，因为大家想做的是从比值的角度去确认两份数据是否一致。而在上一年的柱状图学习中是没有做过这种确认的。

教师：这两个图看起来很不一样啊，你们确定它们都是对的吗？它们真的都正确表示出了“受伤地点调查”的结果吗？

学生：因为C图所有柱长都是A图的4倍，所以它们都是正确的。

学生：在A图里，走廊项的柱长度是楼梯项的2倍，操场项是楼梯项的3倍。C图也一样，走廊项是楼梯项的2倍，操场项是楼梯项的3倍。

教师：也就是说，只要这两个图里的走廊项的柱长是楼梯项的2倍，操场项是楼梯项的3倍，就代表图是对的，是吧？

孩子们以楼梯或教室的数据为基准，通过各数据之间的比值关系来说明两个图表示的的确是相同的数据。对此，教师从以下角度提出了反问。

教师：假设楼梯项的柱长是“①”，那么操场项和走廊项的柱长应该如何表示呢？

学生：如果楼梯项是“①”的话，那么操场项就是“③”，走廊项就是“②”。

教师：也就是说，如果把楼梯项的刻度“4”看成“①”，那么操场项的刻度“12”就是“③”，楼梯项的“8”就是“②”！

学生：如果把两个图里的楼梯项都换算成“①”，那么它们的操场项就都是“③”。也就是说两个图中的楼梯项和操场项的关系是一致的。

像这样，如果把一方看成“1”，那么用来表示另一方大小的数值就叫作比值。孩子们用来确认两个柱状图（A与C）关系的依据就是“比值”这个概念。由此我们可以看出，为了解决眼前的问题，孩子们会一边积极调动自己现有的知识，一边试着用数学的思维模式，从“比值”这个角度去

图6.7 板书

思考两个图的构造是否相同。

我们常说人的能力来自对内容的深刻理解。孩子们在课堂上不仅切身体会到了用比值来解决问题的可行性，也在解决问题的过程中进一步加深了对比值的理解。这让我们重新认识到创建一个既可以使学生获得遵循学科本质的视角和思维能力，又能让他们在提升思维、开拓视角的过程中深化学习的课堂的重要性。

实践活动方案3　小学社会课和道德课六年级

思考“公正”的跨学科单元学习

大谷敦司

教学目标和问题意识

“不仅是现在，我们还要让孩子们在未来一直都能过上幸福的生活”，这是我校（天童中部小学）教师两个口号中的一个。这里所说的“幸福”指的并不是短暂的开心，而是长久的幸福。我们要温暖地守护孩子，确保他们能够按照自己的方式安心地生活。在此基础上，我还想帮助孩子们成为“更美好的社会”的创建者，让每个人的“幸福”都能持续下去。为此，我们要培养他们去关注社会现象，确立自己的判断标准，懂得借助他人之力去完成自己认为正确的事。

社会是一个反映其组成人员思想和行为的存在。当然，孩子也是其中之一。“创造什么样的社会”是一个需要我们主动思考、不断学习的问题，而“公正”则是思考社会是否美好时的一个视角。可是，如果去听孩子们在特别活动和休息时间的对话你就会发现，虽然“平等”和“公平”这样的词会频繁出现，但却很少会听到“公正”这个涵盖意义更为深远的词。

“平等”“公平”“公正”都是对社会规则的评价标准。“平等”和“公平”很好理解，因为它们是按照一定的标准，对正确性做出的相对规范的判断。但“公正”这个词理解起来就不那么容易了，因为它是在特定语境或情况下，包含主观正确性在内的一种判断。也正因为如此，对于多样性和包容性社会的构建来说，它是一个不可或缺的视角。

因此，为了让孩子们能从“公正”的角度思考问题，我从以下四个方面对教学进行了改善。

一是运用学科融合的教学思路，通过创建社会课和道德课（以下简称“德育课”）的跨学科教学单元，让二者达到相辅相成的效果。小学学习指导要领所设定的德育课目标之一是“立德为美好生活之本，在理解多种道德价值观的基础上审视自己，多方位、多角度地思考问题”。这一次我们把与“公正、公平、社会正义”相关的“通用设计”和社会课里的“重振某市经济”组合成一个单元，一起在课堂上对“公正”这个概念进行了思考。

至于以下三点，我将在后文中进行说明。

第一点是重新审视日常生活中司空见惯的、自认为了解的事物。

第二点是设定具体的金额，让学习更贴近生活。

第三点是具备主人翁意识，思考问题时懂得转换视角（换位思考）。

除此之外，还要会积极地活用信息与通信技术，一有需要就上网检索信息，并且还会一边确认其他同学的想法，一边推进自己的学习。

各学科的本质

学校是一个通过作为各学科集合体的教学课程来培养孩子的素质和能力的场所。通过思考“如果没有这些学科，会对培养‘更美好社会’的创建者造成什么样的影响”这个问题，各学科的本质也变得清晰可见。(因为篇幅有限，以下只以社会课为例。)

那么，如果没有社会课，会产生哪些问题呢？简而言之，就是无法培养公民的素质和能力。学生也就不太会去认识社会的现状，以及去思考社会的未来。

“作为公民的素质和能力”指的是对“具备作为和平民主国家及社会的创造者的自觉性，能够尊重自己和他人的人格；履行社会义务和责任；在各种社会生活场景中进行多方面的考虑，能做出公正的判断”等态度和能力的延续。简而言之，就是“多方位、多角度地进行思考”“公正地做出判断”。

通过本单元对该案例的学习，孩子们会认识到前文提到的“通过转换视角(换位思考)”进行多方位、多角度的思考并公正地做出判断的不易。这并不是自己一个人就能做到的，而是通过与同学的交流，在不同想法和判断的碰撞中实现的。

应当发挥的教师专业性

我们学校的另一个口号是：让孩子们将来在没有我们（教师）的地方也能互相学习。我们会从坚信孩子们本来就是有能力的学习者这一点出发，全力推动“孩子自主上课（以学生为中心）”的教学改革。这与放任是两码事。在判断自己的所作所为是否可以更好地帮助孩子们时，千万不要受表面印象的影响。比如，在组织孩子们进行讨论时，即使课堂气氛看上去很热闹，但如果学习没有深度，孩子们就无法从中收获学习的乐趣，长此以往就会失去学习的动力。

为了实现真正的以孩子为中心的课堂教学，教师必须发挥自身的专业性，有意识地引导孩子去认识各学科的本质。因为这样做会让每个孩子感受到与同学、教师进行合作学习的意义和价值，也能够调动起他们的学习积极性。

我将结合前面提到的四点改善来谈谈如何在单元教学中对孩子们进行引导。

第一是关注当地的社会现象。社科教材里的内容往往会被认为是“其他”地区、县、国家的事。虽然我们的生活也是这个世界和社会的一部分，和它们是有关联的，但一般却很难被看到和感受到。只有教师将身边的社会现象制作成教材并把它展现出来，学生才会对日常生活中接触到的、自以为了解的事物产生兴趣。

第二是引入经济（钱）的视角。社会现象大多伴随着价值的交换和分配，因此，引入“钱”的视角，就能通过数字让一切变得简单易懂、贴近生活，让大家能够从现实的角度来看待政治，并进行实践性思考。

第三是转变视角（换位思考）。同样一件事，转变一下视角，看问题的方式以及对其意义和价值的判断也会随之改变。在本单元的社会课课堂，我们将从以下三个视角进行思考。首先，作为当下的“自己”去看拟议的计划。其次，作为一名提出政策建议的“议员”，站在市民的角度来制订计划。最后，作为一个“选民”，站在家人的角度来判断拟议的计划。

第四是提供学习流程，确保活动时间。只要能事先了解学习的大致流程，孩子们就能有预见性地进行学习。自主学习就是从“有预见性”开始的。我们要尽可能地确保孩子们有充足的时间去开展调查、思考和讨论等活动。同时，也要提高孩子们在有限时间内开展活动的能力。因为加强时间观念与“自适应学习”的实现息息相关。

此外，活用信息与通信技术可以让孩子们及时了解同学的想法和判断，让他们理解人的想法和判断会因立场和语境的不同而发生变化。并且他们也会遇到“即使立场相同，根据情况和语境的不同，想法和判断也会有所不同”的情况。通过从多方面、多角度的视角去面对和判断社会现象，并观察这些判断在学习过程中所发生的变化，从而达到让大家意识到“公正”这个概念，或在心里对它进行重构的目的。

钻研学习的孩子们

1.德育课“通用设计”【小学德育增补读物（2019年版），光村图书出版，六年级】

因为在读完教科书上的文章后，有人感慨说“我竟然没有发现原来身边有这么多的通用设计”，所以我就问大家：“大家说为什么世界上会有这样的设计？”学生W说：“有了（教科书上的）例子中那个洗发水的记号，盲人便能给自己洗头，不需要别人帮忙。”学生G说：“无论是谁，都希望可以尽可能公平地过上舒适的生活。”

接下来，我们以盲文地砖为例对通用设计进行了思考。孩子们早就注意到了地上的盲文地砖，也明白它们的重要性。于是，我一边给大家展示照片一边问：“学校门前道路的盲文地砖一张是2500日元。加上施工费，每张大约需要5000日元。学校前面的那条路长为250米，这么算来，仅道路单侧就要花费125万日元，因为道路两侧都有铺设，所以它的总造价就是250万日元，对此你们怎么看？”在孩子们的回答中，既有人认为“虽然每天都从那里经过，但我没想到那个会这么贵！”“对整个城市来说，这是一笔不小的开销”，也有“虽然花了这么多钱，但我几乎没见过沿着盲文地砖走路的盲人”这样的感想。对此，学生A说:“确保盲人的出行安全才是最重要的。不过，如果成本实在太高，也可以考虑换成更便宜的材料。”还有学生说：“也可以考虑只在真正危险的地方铺设。”另外，还有人发表意见说：“天童市是观光地，为了让所有人都能放心地过来游玩，盲文地砖这些都是必不可少的。”

在认识到盲文地砖的铺设与普通厕所的安装维护在成本上的不同以后，我们以与学校比邻的公用设施前的多功能厕所为例，对通用设计进行了思考。学生M表示：“我们不能说修建特殊设施是不公平的。我们每一个人，包括残障人士在内，都有公平、平等地享受便利生活的权利。”学生S也复议道：“所有的税款本来就是为了让市民过上更好的生活而征收的。”就这样，对存在于身边的通用设计的重新审视让孩子们开始思考“公正”这个概念。

2.社会课“重振某市经济（原型是本校所在的天童市）”

天童市的宣传语是“象棋棋子、温泉和水果之乡”，位于市中心的天童温泉对本市的经济有着至关重要的影响。我们学校的孩子们也切身感受到了“新冠疫情导致游客锐减，整个城市失去了活力”。

于是，我发给大家一份学习资料，并提问道：“某市人口约6万，家庭户数约2万。而其中约有三分之一的家庭正遭受着新冠危机（年收入不到前一年的一半）。为了重振某市的经济，我想出了两个方案。请大家看看赞成哪一种？”

孩子们在云端系统笔记上发送完各自的答案后，立即通过电子黑板确认了大家的选择。结果是“A方案6人，B方案23人”。而大家此时的立场是“当下的自己”，做决定的理由也大多比较笼统，比如因为觉得有人需要帮助，因为自己也需要钱等等。

资料9　学习资料

姓名(　　　　)

本市约有6万人口，2万户家庭。这是一个非常有活力的城市，不仅有温泉，还有很多商店。

但是，随着新冠疫情的蔓延，游客数量急剧减少，很多人因生意不好或失去工作而陷入生活困境。为了解决这些问题，地方政府决定投入60亿日元税金，并预备了以下两种对策。

A. 给生活特别困难的家庭每户发放100万日元。
<全市有30%的家庭符合条件>

B. 给所有市民每人发放10万日元。
<全市所有家庭都符合条件>

① 你认为哪种对策比较好？并写下理由。

② 你所在的小组将采用哪一种对策？也请写下理由。

③ 你(市民)会把选票投给提出哪种对策的政党？

④ 回顾

A　生活支援临时补贴：仅适用于困难家庭，每户100万日元

B　特别定额补贴：全体市民每人10万日元

接下来，教师想到只有“议员”才能决定预算，于是将小组设定为政府机关，要求大家以议员的身份制定市民能够接受的方案。然后还提议每个人化身为选民，互相投票。另外，经孩子们共同商议，这次的活动时间为15分钟。

在小组活动结束后，各小组提出了各自的方案，并附上了自己的立场和理由。其中，采用A方案的有一个小组，采用B方案的有四个小组，剩下的两个小组分别提出了以下的新方案。

图6.8　小组内部讨论

C　混合型补贴：给每户困难家庭发50万日元，其他每人发15万日元
D　补偿型补贴：补偿收入减半家庭的损失

等所有方案全部提交上来后，我们开始了“选民”投票。这时有人提出意见：“投票时，不仅要投出自己那一票，还应该替家人投票。”顿时，课堂上一片哗然，有的孩子赶紧拿出计算器开始计算，有的孩子不知所措地说“我等一下再投”。而最终的投票结果是“方案A 4人、方案B 10人、

方案C 12人、方案D 3人”。

在做课堂回顾时，学生D说：“这是我第一次这么认真地谈论和思考社会问题，真是让我绞尽脑汁。我发现人们对于‘平等’‘公平’的理解会因立场的不同而发生改变，这是一个非常有意思，同时也是非常值得我们深思的地方。我们组原本觉得A、B这两个方案都不太理想，应该想一个别的方案，可是，正当我们试图从‘公正’的角度去想新方案时，却被告知15分钟的活动时间已经到了。这次活动让我对总是站在不同市民的立场去思考方案的议员们肃然起敬。让我产生了以后也要从事这方面工作，要为创造更好的社会贡献自己的力量的想法。”

而学生N在这次德育课和社会课的跨学科单元学习的回顾中这样写道：“进入社会后，我们也能学到很多重要的东西，比如，‘社会常识和思维方式’‘意见会随着立场改变’‘平等与不平等、公平与不公平’，还有‘公正’等等。虽然深入的思考会让我们产生各种各样的想法，让我们不知如何进行总结，但是我却很喜欢像这样站在不同的立场去思考问题。下

图6.9　部分板书

图6.10　用云端系统笔记提交新方案

次我还想和大家一起探讨‘霸凌’这个问题。”

图6.11　用计算器算好后再讨论

可以说，像这种“可以用自己学到的学习方法（多方位、多角度）和概念（公正），和同学们一起深入思考其他社会问题并展开讨论”的学习劲头和欲望，正是在抓住学科本质的同时开展德育课和社会课的跨学科单元学习所取得的成果。

反思

教师的核心专业能力

抓住各学科的本质

事实表明，在自适应学习的“个人计划学习”中，通过提供丰富的学习环境，孩子们不仅可以自主学习大部分的学科内容，而且用的时间更少，知识掌握得也更牢固。如果能把它与合作学习的“自学与自习”结合起来，孩子们的自主学习应该就能弥补大部分传统教学的不足。

那么，孩子们无法自主完成的事情又是什么呢？对此，三个实践活动方案提出了以下三个方面的内容，而这些也将成为今后对教师专业发展的核心要求。

第一是要准确把握所谓的各学科的本质，以及日本2017年版学习指导要领中所提到的各学科特有的“思考角度和思维方式”。三位教师的活动方案全部都是以这个内容为出发点和落脚点。其中大谷教师表示：“各学科的本质可以在‘如果没有这门学科，孩子们的学习成长会出现什么样的状况或问题？’这个问题中找到答案。”这样的思考对重新审视“学科是早就存在的，教师的使命就是把它教给孩子们”这种非自主性教学观有很大的参考价值。当然，按照法令规定，学习指导要领上的内容是必须要教的。但是它并不能成为我们不必仔细思考“现在为什么要教眼前的孩子们这些东西？”——也就是教学的意义和价值的借口。

佐藤教师在论文中对“根据孩子的具体情况去探究学科教学的意义”做出了特别具体形象的论述。他把丰富“内部言语领域”视为语文课的任务，主张利用诗文化的特质，明确只有通过诗才能完成的教学目标，然后在此基础上构建单元和课程的框架和细节。

另外，齐藤教师强调的是，在抓住学科本质的基础上，要认知明确地开展系统性的学科教学。以“图表改写”这个已学知识点为立足点，从“比”而不是“差”的角度去看二者的关系，目的就是让孩子们通过已经掌握的图表改写去发现“比值”这个新概念，并通过这种“思考角度和思维方式”，对以图表为代表的大量已学知识点进行整合。而这种教学展开方式的过人之处就是它能将作为“比值”学习最后阶段的“放大图和缩略图”的内容和“等比”这个概念关联起来。

这也告诉我们，就学科教学的系统性而言，除了自上而下以外，还应该注重自下而上这个方向。一直以来，我们注重的都只是对已学内容的确认，也就是所谓的自上而下的系统性，对“现在的教学内容将来会如何发展和整合”这种自下而上的系统性的把握却非常薄弱。在这一点上的不足也将成为孩子们在以比值的概念习得为基础的高年级学习，甚至是中学阶段的学习的绊脚石。从这个意义上来说，我强烈希望今后的课堂教学和课程开发都能够以“从二年级、三年级开始，有意识地贯彻乘除法及分数教学的系统性”的方式进行。

实现学科教育和生活教育的“知识融合”

未来对教师专业性的第二个要求是在学科教育和生活教育之间实现高质量的“知识融合”，大谷教师提出的方案便与这一点息息相关。日本的学校教育一般由两个方面组成。一是以文化遗产为基础的科学、学术、艺术教育，也就是学科教育。这是家庭和社区无法实现的教育，现代学校就是为了进行学科教育而成立并发展起来的。

不过仅仅依靠学科教育，孩子是无法成长为一个“全面发展的人”的。在对自己在社区和学校的生活现状有明确认知的同时，孩子们还需通过民主讨论的方式，对学科教育中学到的大量科学知识和多种学习方法进行反复琢磨，并不断更新自己的学习领域，这就是所谓的生活教育。生活课、德育课、综合学习时间和特别活动都属于这个领域。

在对这两个教学领域分别予以加强的同时，谋求二者高质量的“知识融合”也是至关重要的。虽然学习指导要领也对此提出了明确的要求，但这还远远不够。大谷教师在实践活动中，针对德育课和社会课构建的跨学科式、联合式的单元结构正是对此做出的勇敢尝试。

活动以“公正”这个与德育课和社会课都相关的主要概念为核心，通过“通用设计”和“经济振兴”两个现象，围绕“为了创建‘公正’的社会，自己应该怎么做”这个问题展开了立体深入的学习。实践活动的切入点有很多，其中最值得关注的是公共资金这个视角。虽然生活支援的方式有很多，但是，在预算有限的情况下，基于成本效益分析的政策可行性以及有待讨论的问题等就会凸显出来。可以说，这种对现实问题的深入探究也是课堂教学的重点。

深入理解孩子并给予恰当的帮助

未来对教师专业性的第三点要求，是在仔细观察的基础上深入理解孩子，针对孩子当下的情况给予恰当的帮助。毋庸置疑，在与各学科的本质和学习内容的关联性上，这三个实践活动方案都准确且多角度地把握住了孩子们的知识、思想和情感状态，并且都将它们运用到了单元创建、教材开发以及课堂的流程设计当中去。

此外，佐藤教师还指出了不断反思孩子与教材之间的关系的重要性，他表示“孩子与教材的关系是不断变化和发展的”，“教师不仅要懂得在什么情况下，孩子的感受、情绪、思想会发生很大的变化，还要懂得停下来，给孩子们充足的时间，让他们确认自己的变化”。与此同时，还要关注孩子犹豫、重说或中途沉默等场景。

因为佐藤教师认为这正是丰富孩子们“内部言语领域”的最佳契机。虽然我们在教学中也会通过反问等方式来鼓励和帮助孩子们进行语言表达，但是在大多数的传统课堂上，教师基本不会如此煞费苦心地去了解和引导孩子。

相反，几乎所有教师都在教大家用“我的想法是……，原因是……”的句式回答问题，并且对孩子们通过这种句式流利作答的教学方式也是倍加推崇。但是，这样的引导可能会让孩子的感受、情绪、思考禁锢在规范的作答模式里，让学习止步于事不关己的浅显层面。这样的教育是绝对不可能培养出会用至少一分钟的时间去诚实地面对自己的内心世界，并从中寻找更真实的自己的孩子的。

这种不同源自对孩子发言的意义和作用的认知差异。佐藤教师非常重视让每个孩子去丰富自己的“内部言语领域”，然而，注重规范化表达的教师则认为固定句式更有利于让课堂朝自己预期的方向发展。佐藤实践中令人印象最深刻的应该就是孩子对同学的提问了。从大家的提问可以看出，孩子们对同学的“内部言语领域”是有着浓厚的兴趣的，他们很想知道对方现在是什么样的感受和心情。可以说，孩子就像是大人的一面镜子。

座谈会

何为教师的专业性

我们和提出实践活动方案的三位教师一起，重新就未来学校教育对教师专业性的要求展开了讨论。

大谷敦司（山形县天童市立天童中部小学校长）
齐藤一弥（岛根县立大学教授）
佐藤卓生（山形县山形市立铃川小学教师）
奈须正裕（主持人）

弄清学科本质

佐藤：我一直是在以语文教学为切入点进行思考，而我的教学经验主要是以特殊班为主。我们班有一个患孤独症的孩子，当大家正在公开课上写日记的时候，他突然站起来往电脑那边走。我虽然有一瞬间感觉情况不妙，但并没有上前阻止，而是决定一看究竟。只见他在电脑上打了“红茶”，原来他是在用电脑写“红茶”这篇日记。当时我就想：“嘿，这不正是语文课嘛！”如果从语言学的角度来思考语言的功能，就必须对感觉、情绪、思考和由此产生的语言表达的关系进行仔细的观察。所以我们在安排45分钟的教学内容时，必须要将整个教学课程，或者说孩子们的生

佐藤卓生

活全部纳入考虑范围内。从这个角度来看，无论是自适应学习还是合作学习，最重要的就是对学科应该重视的内容以及学科的教学框架做出重新审视。

齐藤：我感觉特别是从平成[①]后期开始，就没有什么人会去认真思考“学科是什么”这个问题了。由于新改版的学习指导要领的基调是培养孩子的素质和能力，所以打破学科界限、提高综合能力以及跨学科的主题教学成了现在的主流风潮，但是，其中很多都是在没有搞清楚学科内容的情况下盲目进行的学科融合。这一次大家也提到了“思考角度和思维方式”，我认为，现在我们的当务之急就是彻底弄清楚学科的本质。

奈须：在刚开始参加工作的昭和[②]末年，前辈经常会这样教导我们：“上课之前一定要想清楚这门课会让孩子学到什么？”东京大学的稻垣忠彦教师常常挂在嘴边的一句话则是：“教历史的过程会让我们对历史这门自以为很了解的学问的意义做出思考，让我们对历史学本身产生新的认识和理解。”通过教学，我们可以看到作为教学媒介的文化遗产之于人类的价值和意义。同时我们也会从不擅长或讨厌某门学科的孩子身上，学到关

① “平成”是日本1989年1月8日至2019年4月30日期间使用的年号。

② “昭和”是日本1926年12月25日至1989年1月7日期间使用的年号。

齐藤一弥

于那门课最多的东西。

齐藤：大阪教育大学的酒井忠雄教师曾说过，历史教学就是一个和孩子们共同创造历史的过程，历史其实就是从时间上对人生进行的反思。更进一步来说，人这一生都是在改写历史。如果我们没有弄清楚历史这门学科会如何影响一个孩子，如果我们对历史这门学科的定位含糊不清，那就不可能教好这门学科，然而这一点常常会被大家忽视，所以不仅课堂教学没有效果，孩子们也会觉得了然无趣。我们必须从这里开始改变。

大谷：以前的附属学校几乎天天都在讨论这个问题。

奈须：与其说学校里已经没有了这种思考的文化，不如说是我们这一代没有把这种文化传递给年轻一代。这是一个非常值得我们反思的地方。

齐藤：这里最重要的就是弄清楚“WHY”（为什么）。学科是“什么”这个“WHAT”固然重要，但还必须要加问一个为什么要教这门学科。然而，最近大家把关注点全部放在了怎么教的“HOW”上了。

基于素质和能力的思考

佐藤：每一个教师都在强调关注孩子的重要性，并且他们在关注孩子这件事上的确也是尽心尽力。可即便是站在孩子们的正前方凝神注视，即便是对孩子们的一举一动了如指掌，他们看到的也不过是谁都能看到的表面现象，算不上真正的关注孩子。教师应该站在孩子们的角度，运用他们的视角去了解他们眼中的世界，这才是进行学科教学的根本。这么说来，如果孩子的思考角度是在教师定下的常识范围以内，那他们便看不到任何重要的东西。我认为学习就是一个孩子构建自己的知识体系的过程，如果我们不了解孩子此刻对社会的看法，那么也就不可能教好这门课。

奈须：之前那个以内容为中心的学习指导要领是先定好学科，然后把它们组合成教学课程，之后才是考虑如何把这些内容教给孩子。而现在是要把顺序反过来，首先我们要认识到孩子都是具备学习能力的学习者，然后要了解每个孩子的学习特点，这样我们自然就会找到最适合他们学习成长的教学课程、学科种类以及各学科的教学内容。所谓的以素质、能力为基础应该就是这么回事吧。

奈须正裕

大谷：你说的那个是个难点，因为它很难得到大家的理解。教师一直以来接受的理念是“只要教了这些内容，孩子就会这样成长”。而现在却换成了截然不同的另一套理念——“只要孩子这样学习成长下去，他们最终自然会掌握这些内容”。说得极端一点，不就是“只要他们能好好成长，没有掌握全部内容也没关系”，对吧？虽然我总觉得有一种说不上来的恐惧，不过这里的关键就要看教师能不能想明白这一点了。而要如何克服这种内心的恐惧正是我们的课题所在。

齐藤：（日本）理科有物化生地四个领域，虽然每个领域的内容各不相同，但是各领域的科学观以及每个学年我们对其探究的过程都是一样的。并且，随着年级的升高，各领域的内容也会不断积淀。虽然从内容上看，物理和生物等学科似乎截然不同，但我希望我们培养的孩子都能认识到“其实各学科的学习在本质上都是一样的”。

大谷：这一点可能连教师都察觉不到。就像物理和生物的区别。

佐藤：在制定三年级的理科教学课程时，孩子们最后总是会就“如何在一年的时间内，将以实验为代表的假说验证型思考和通过观察归纳发现的普遍性思考进行有效结合”这个问题展开讨论。可见，孩子们早已明白，最终他们一定会掌握科学的思考角度和思维方式，那么，只要他们懂得灵活运用这些去看待社会现象不就可以了吗？

大谷：如果这样的思考角度和思维方式能得到普及，教师们也会轻松许多。如果一开始就知道只要掌握了这种思维方式，之后的教学活动就可以更自由地开展，那么教师也就不必再端着架子去上课了。孩子们对此应该是早就明白的，所以活动开展得都非常顺利，只是他们可能会不太知道如何把这些告诉教师。

提高孩子的自我认识

奈须：从各种考试内容的变化上我们可以看出，考试已经不像以前那样那么侧重对细节内容的考察，假以时日，大家应该就会接受这种改变。其中改变速度最快的当属大学的入学考试，私立大学的入学人数中已经有近半数不是通过高考统招入学。所谓的AO入学考试[①]看的是学生的能力，通过AO考试入学的学生在进入大学后的成绩也丝毫不逊色，这一点在很多大学已经得到了证实，而AO考试在全日本范围内的普及只是个时间问题。只不过这么一来，那些过度揣度大人意图的孩子的存在将会成为一个很严重的问题，如何改变他们的学习态度，或者如何通过某种措施让他们回归到人的本真状态，这将成为一个亟待解决的问题。

大谷敦司

大谷：我们学校的口号是“最终要让孩子们在没有教师的情况下互相学习”，为此，我们应该时刻思考“作为教师我们应该做什么”。在“个人计划学习”中，我们培养的孩子真实展现了他们的学习能力和学习态度，而“自学与自习”也不是只看重孩子们的自主学习，活动过程中良好的相

① AO指日本入学担当事务局（Admissions Office）。AO入学考试是日本大学入学方式的一种。——编者注

互学习也是极其重要的。并且，这些也是对平时课堂教学的一种反映。教师能否将孩子们的这些表现反馈给自己，并不断加以改善，这才是教师最应该做的事情。

佐藤：对我来说，与这一点相关的关键词是语言表达。就是要多多开展用语言将自己当下的感受和情绪认真表达出来的活动。虽然一开始他们还是会习惯性地想去揣度教师的意图，但我们一定要坚持不懈地帮助他们从这种习惯中走出来。因为只有这样，孩子才会敢于去表达自己的真实想法。还有一点是，作为教师，不要只想着“让孩子做什么”，而应该经常去思考“我要怎么做才能让孩子朝着这个方向发展”。

奈须：教师帮助孩子提高语言表达能力，让他们意识到自己潜意识里的想法和感受，其实就是让大家变得越来越做自己。也就是说，因为孩子们发现原来在那个早已熟知的自己之外，还有另一个不同的自己，所以他们必须和更加复杂的自己对峙。于是，他们不仅会诚实地问自己的内心“我究竟是怎么想的”，还会把自己的答案如实地传达给自己和别人。这一点至关重要。

佐藤：发掘每个孩子的潜能，并积极予以引导也是教师的重要工作之一。

奈须：如果自己的想法在教师的引导下变得越来越清晰，孩子们就会非常高兴，于是，他们也会学着教师的样子向身边的朋友提问。

佐藤：那么，最终孩子们会互相配合，相互合作。而一旦开始互相倾听，他们个体的特点将更加明显。

奈须：这不正是自适应学习与合作学习的相互结合、综合提升嘛！

齐藤：提高孩子的自我认识很重要。孩子虽然有能力，也在做着很多不错的尝试，但是他们很多时候并没有认识到这一点，也不知道其中的价值或意义。我们要让孩子能够清楚地知道自己当下在想什么，正处于怎样的状况。对此，教师适当的反问至关重要。

佐藤：如何让孩子们在自己不曾意识到的关键地方及时停下来？如何提高孩子对关键停顿点的自我认识？这些都是教师的工作。

齐藤：还有一点也很重要，就是不要让孩子满足于敷衍马虎。我们要培养有韧性的孩子。为此，我们一定要注重平时课堂教学的质量，如果一直都用“这里都明白了吧？”“接着讲下一节了哦”这种碎片化的上课方式，孩子们是无法获得成长的。

奈须：归根到底还是要看课堂教学的质量，也就是教师的专业性。

2021年6月6日收录

采访

通向未来的接力棒

下面是四位来自本书的实践舞台“天童中部小学”的年轻教师，他们就学校开展的自适应学习与合作学习进行了一场自由对谈。

大内阳菜(五年级三班班主任)
中村航大(六年级二班班主任)
沼泽悠奈(四年级一班班主任)
早川孟宏(五年级四班班主任)

奈须：我们就按照实践研究开展的顺序，从“自学与自习”开始聊吧！

中村航大

中村：当我从教室后面看向大家时，不仅能从孩子对教师的模仿中看到平时课堂上的自己从而进行自我反省，也能看清楚孩子们各自擅长与不擅长的地方。进而我通过对课堂教学的不断改进来引导孩子在模仿中不断做出改进，这样的良性循环不仅很有意思，还能成为我再接再厉的动力。

早川孟宏

早川：在实践活动的开展过程中，大家开始打破常规做法，比如，考虑到有的孩子不擅长单独发言，学生便会在进行双人或小组讨论时，允许这些孩子通过“和朋友一起举手，或是几个人一同上台发言”这种适合自己的方式参与到活动中来。他们的这些做法很多时候都会让我眼前一亮。而负责主持和板书的孩子每次也都会绞尽脑汁地想一些对所有人都好的做法，让我很受启发。

奈须：他们就是想方设法地要让所有人都弄懂，都会做。比教师要耐心仔细得多。

沼泽：比起听教师上课，孩子们在自主学习中会更加地积极主动。当我一说出“你们自己试试看”这句话时，他们便会精神抖擞地行动起来。之前教二年级的时候，因为孩子们常常不知该如何着手，于是我就用在线直播的方式给他们看高年级开展“自学与自习”的情形。如果能在不同年级之间开展更多这样的互动，不仅能让孩子们受益匪浅，也有利于自主学习在整个学校的进一步推广。话说我还想给孩子们看看其他年级开展活动时的情形呢。

奈须：各年级孩子们相互听课，共同开展课堂教学研究（见图6.12）。这种做法的确是可圈可点。我们现在是让一年级学生从五月份开始开展

沼泽悠奈

"自学与自习"，如果把活动放在一开学就马上开展，大家觉得效果会怎么样？

沼泽：那样的话可能会更自由。因为孩子们一旦有了统一上课的体验，便会习惯性看教师脸色行事，这反而会影响活动的开展。

大内：我是今年刚调过来的，虽然这边很多事情与我之前的学校都不太一样，但最令我震惊的还是"自学与自习"。我一直以为以孩子为主体就是让他们积极听从教师的安排，可过来以后才发现事实并非如此。所谓的以孩子为主体是指让孩子们在以自己上课、自主学习为荣的基础上开展"自学与自习"。不过，我现在还是没能做到完全放手。

奈须：大内教师的课平时都是以孩子们互相提问和点名的方式进行的，教师则是专门负责写板书，一个小时发不了几次言。难道这不就是"自学与自习"吗？

图6.12　五年级学生在教室后方参观六年级学生的"自学与自习"

大内：在我看来，只要是我写的板书，那就是我在上课。

大内阳菜

奈须：原来如此，看来是不是“自学与自习”，还是在于如何对孩子的想法进行总结归纳！接下来，就请大家来谈谈对“个人计划学习”的看法吧。

早川：因为这是每个人都必须参加的活动，所以就连平时在课上不怎么发言的孩子也会通过自己的方式去努力完成。我认为这项活动最好的地方就是能够让我们去仔细观察孩子的举动。孩子们不仅可以选择自己喜欢的场地，用自己喜欢的方式参与其中，就连平时不怎么记笔记的孩子也会将自己在意的地方统统记下来，能够做自己想做的事真的是再好不过的了。因为看到那些平日里不起眼的孩子会在活动中展现出自己不为人知的另一面，所以我忍不住拍了好多照片。

沼泽：虽然事前的准备工作比较麻烦，不过它的优点是能让我们仔细观察孩子的情况。还有，就连那些平日里习惯依赖别人的孩子也会先试着自己去想办法，用他力所能及的方法去解决问题，比如认真学习教科书等等。

中村：他们应该是因为明白自己该做什么，所以与平时上课相比，准备速度和进入状态的速度会更快。还有很多孩子会选择利用休息时间来转换场地。看着他们单手拿着平板电脑专注认真的样子，我真的是由衷地羡慕，我读书那会儿可没有这样的条件。

奈须：这些活动原则上都必须由孩子单独完成，虽说很锻炼人，但是累的时候也是真的累。

沼泽：有些孩子在感觉自己吃不消的时候会默默来到我的身边。虽然这个时候我常常会于心不忍地说："那我们一起来做吧。"但其实在我看来，无论遇到什么情况，都应该由孩子自己来做决定，这一点非常重要。

奈须：有的孩子非常有眼力见儿，知道挑合适的时间去问朋友，这样就不会打扰到对方的学习。我认为这也是学习能力的一种，而这些活动的开展是可以帮助孩子提高这方面的能力的。

早川：反之，也有好为人师的孩子。

沼泽：最开始一定要和孩子们讲好，告诉他们这是一项由个人单独完成的活动。如果实在有不明白的地方，当然可以请教同学或教师。但是在那之前，自己必须要认真地看书思考。另外我们还要提醒大家，向朋友请教是在占用对方的时间。而收到朋友提问的同学也要意识到对方是在占用自己的时间，并且要敢于拒绝对方的要求。我认为包括这些判断在内的一切，都属于自主学习的能力。

大内：我认为"虽然学习内容和目标都是早已定好的，但学习方法可以自主决定"这一点非常好。有这么一个问题小孩，虽然他在"个人计划学习"的前半段似乎一直都在发呆，学习基本没有任何进展，但是到了后半段，他整个人就像被突然打开了开关，竟然以惊人的集中力在规定时间内完成了学习。

我想应该也只有在这项活动中才会连打开开关的时机都是由自己决

定吧！

奈须：在规定的活动时间内，每个人都有责任去完成这项学习，这就是“个人计划学习”。而活动也会为学习方式的选择留出很大的自由空间。于是，大家一定会在活动时间内去做很多的尝试。自适应学习就是“八仙过海，各显神通”，这一点和传统的学校文化大相径庭。那么，各位对自由度更大的“自由学习”又是怎么看的呢？

早川：我原以为孩子们会各种天马行空，没想到居然都还挺正常的。不过教师们的题目可就厉害了，真佩服大家能想出那些题目！

沼泽：这应该就是经验和知识的不同吧。毕竟四年级的学生只能根据自己短短九年或十年的经验和知识去思考问题。可即便如此，他们依然在努力思考，快乐参与。这么说来，和五六年级学生一同开展活动对四年级学生来说是一件非常重要的事，因为这是一个向哥哥姐姐近距离学习的好机会，会让大家受益匪浅。

中村：就算一开始找不到合适的题目，只要最终能够在跌跌撞撞中找到自己真正想做的东西，那便是好的。

沼泽：这种“跌跌撞撞”其实是很有意义的。

早川：失败也是宝贵的经验，回顾失败并从中吸取教训能让孩子们获得成长，这便是“自由学习”的理念。不过这里的难点是，教师认为的失败，孩子本人可能察觉不到，因此，大家很难对事情进展得是否顺利做出分析。

沼泽：所以很多孩子会在实践报告会上着急，或者说很多孩子都是要等到最后关头才会察觉到失败。

奈须：自主学习和成长是一个漫长的过程。失败也不是短时间内就能察觉的，有些人甚至是在活动开展了20多个小时后才发现自己失败了，不过这样的经历反而更有利于孩子的成长。而且，在3年时间里我们一共会开展6次“自由学习”活动。即使是一开始没有察觉到失败的孩子，也一定会在某个时间点注意到。因为这样的情况总是会在自适应学习中出现，所以我们才应该更认真、更耐心地去对待每一个孩子。最后，我还想问问大家，在导入培养自主学习能力的教学模式后，各位教师有没有什么改变？比如对教师主导型的传统上课方式的态度，或者作为教师想要予以重点加强的地方等。

早川：随着“个人计划学习”和“自由学习”时间的增加，我们教师可用于课堂教学研究的时间也增加了。再加上还有“自学与自习”，所以我认为我们需要更加注重课堂内容的趣味性，要让孩子们觉得和教师一起上课是有趣的。如果在教师讲课之前能安排孩子上一堂自习课，课堂氛围便会变得截然不同，大家会充满干劲。我们班有一个特别不爱学习的孩子，于是我就和他约定:“我会想办法让课堂变得有意思，你一定要待在教室里好好听课哦。”之后，每当那个孩子觉得课堂无聊，他便会坦诚地告诉我。所以就算是为了那个孩子，我也会认真对待每一堂课。

沼泽：我会用长远的目光去看待孩子，时刻提醒自己不要着急。孩子们在进行自主学习的时候，一小时的内容他们可能需要花上两个或三个小时才能完成，这都是正常现象。所以我们一定要用长远的眼光，去认真地对待和守护他们的每一次学习。

中村：前几天，当我问孩子们“你们是不是一直都在想方设法地让教师满意？”时，孩子们告诉我：“有时候觉得有些话不该说，所以就没有说。”因此，我的想法就是把从日常生活到课堂教学的所有主动权全部交给孩子们，让他们自己去做，教师的工作则是承担责任。不过我现在依然没能完全放手，因为我还没有完全和孩子们建立起信赖关系，或者说我对孩子们的理解还不够充分，在这方面我还得多下点功夫才行。

大内：我想努力去掉自己的存在。然后我还想不断丰富孩子思考问题的角度。其实我的心里是有一个自己的理想框架的。如果是以前，只要课堂内容偏离了心里的那个框架，我就会无法接受，而现在的我却对偏离的出现充满期待，我会把孩子当成一个单独的个体，尽管我无法做到完全地理解他们，但我会尽可能地去靠近他们，也会想尽各种方法去靠近他们。

奈须：这便是天童中部小学一直非常重视的“理解”和“觉悟”。“为了让孩子们在没有教师的情况下也能自主学习和成长，教师应该做些什么？”这是一个值得我们不断思考的问题。今天谢谢大家了。

2021年8月3日收录

作者简介

奈须正裕

上智大学综合人类科学部教育学科教授，曾任神奈川大学副教授、日本东京国立教育研究所教学方法研究室室长、立教大学教授等职，2005年起就任现任职务。

在日本中央教育审议会初等中等教育委员会教学课程小组、教学课程规划专项小组、通则与评价专项小组、幼儿教育组、中学组、生活与综合学习时间工作组、小学课程管理研讨会、关于小学阶段的逻辑思维能力、创造能力、问题解决能力等的培养和编程教育的专家研讨会、面向2020年代的教育信息化座谈会等担任委员一职，是编制日本现行《学习指导要领》的重要参与人员。主要著作有《素质、能力与学习机制》《创造下一代教学的智慧与技巧》《"用较少的时间学更多的内容"的课程设计》等。

实践学校简介

山形县天童市立天童中部小学

以教师的"理解"和"觉悟"为基础，有意识、有计划地组合课堂教学的四种类型，在集体教学中开展提高学生自主意识的教学活动。在推动实现“孩子自主上课（以学习者为主体）”研究的同时，也在为实现“孩子们现在和将来都能幸福生活”的目标而努力。

其他撰稿人简介

大谷敦司

山形县天童市立天童中部小学校长。曾任山形县教育厅义务教育科主任指导干事等职。

近年的研究方向为以学习者自主上课为支柱的学校管理和运营模式。《学习指导要领》修订专业顾问（小学数学）。著有《2017年版小学新学习指导要领要点汇总》等。

齐藤一弥

岛根县立大学人类文化学部教授。曾任横滨市教育委员会指导部指导干事长等职。

高知县教育委员会办公室学习能力提高总负责人、教学课程推广专员、日本文部科学省中央教育审议会教学课程小组算术和数学工作组委员、《学习指导要领》修订专业顾问（小学数学）。著有《创建数学课堂》等。

佐藤卓生

山形县山形市立铃川小学教师、明星大学兼职讲师。研究方向为针对“儿童的自我发展”的语文教育、课程理论研究，并一直致力于在山形大学附属小学、山形市立第四小学等学校开展教学实践。著有《以学科本质为中心、以能力为本位的课程设计指南》《后疫情时代的课堂教学》等。